JUXIANGMU ZUZHI LIANMENG
HEZUO XIETIAO JIZHI YANJIU

巨项目组织联盟合作协调机制研究

晏永刚 著

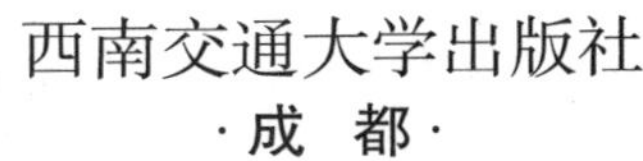
西南交通大学出版社
·成 都·

图书在版编目（CIP）数据

巨项目组织联盟合作协调机制研究 / 晏永刚著. —
成都：西南交通大学出版社，2017.12
ISBN 978-7-5643-5934-8

Ⅰ. ①巨… Ⅱ. ①晏… Ⅲ. ①工程项目管理 Ⅳ.
①F284

中国版本图书馆 CIP 数据核字（2017）第 294773 号

巨项目组织联盟合作协调机制研究

晏永刚　著

责任编辑　孟秀芝
助理编辑　何明飞
封面设计　何东琳设计工作室
出版发行　西南交通大学出版社
（四川省成都市二环路北一段 111 号
西南交通大学创新大厦 21 楼）
发行部电话　028-87600564　028-87600533
邮政编码　610031
网　　址　http://www.xnjdcbs.com
印　　刷　四川煤田地质制图印刷厂
成品尺寸　170 mm × 230 mm
印　　张　11.5
字　　数　175 千
版　　次　2017 年 12 月第 1 版
印　　次　2017 年 12 月第 1 次
书　　号　ISBN 978-7-5643-5934-8
定　　价　58.00 元

前　言

伴随着我国经济的快速发展和“一带一路”倡议的逐步推进，超大型工程项目的建设活动愈加频繁，并从土木建筑领域快速延伸到生态、生物、航空、航天、国防、通信等领域。在当代中国，三峡工程、南水北调、西气东输、西电东送、青藏铁路、港珠澳大桥等超大型工程项目的实施（本书将这类项目称之为巨项目），不仅改变了中国资源、能源、交通等领域的空间分布格局与利用结构，而且对区域经济乃至全球经济发展起到了举足轻重的作用。当前，巨项目的建设发展不仅对于实现国民经济的健康协调发展具有十分重要的现实意义，而且已成为一个国家产业升级和经济增长的重要推动力量。

所谓巨项目，是指对区域经济、国民经济、全球经济能够产生重大深远影响，对国防建设、重大科技探索、社会稳定、生态环境保护具有决定性意义的特大型工程项目。鉴于巨项目建设管理涉及数量众多、种类繁杂的投资主体、管理主体和利益主体，巨项目组织结构及其利益群体的协调关系变得十分复杂，并且巨项目组织管理的核心就在于合作协调，因而研究巨项目的组织协调和合作管理机制就显得至关重要。

本书旨在设计巨项目新型空间组织结构形式，构建巨项目组织联盟合作伙伴的评价模型，分析巨项目组织联盟合作协调机理，设计促进巨项目组织联盟合作协调的机制，以期为巨项目组织协调管理提供理论依据和方法借鉴。基于系统分析的思维理念，坚持系统集成和系统优化的观点，综合运用系统工程、经济学、管理学、项目管理、组织理论、机制设计理论、合作博弈理论、动态联盟理论，以及行为科学、管理决策、控制论等相关理论；采用定性分析与定量分析相结合、规范分析与实证分析相结合、系统科学与行为科学相结合的综合集成研究方法开展巨项目组织联盟合作协调机制研究，并力图实现概念创新、理论创新和方法创新。本书的主要研究成果和创新之处主要有以下层面：

一是，基于二八定律的思想，分析了巨项目关键组织和关键组织链的内涵，探讨了关键组织的有效划分标准，提出了基于甘特图的巨项目关键组织链的逻辑表达方式；论述了巨项目组织粘结的原理，分析了巨项目组织粘结的方法（平面粘结法和空间粘结法）；进而阐述了巨项目云组织结构形式设计的基本思想，构建了基于多级关键组织的巨项目空间组织结构形态（本书将之命名为巨项目云组织结构形式），并分别从理论层面和实践层面予以有效性分析，以期为巨项目组织联盟的合作协调提供组织支撑。

二是，鉴于巨项目组织联盟潜在合作伙伴评价的模糊性、随机性特征，在设计巨项目组织联盟合作伙伴评价指标体系（包括 3 个一级指标，12 个二级指标）的基础上，按照“组合评价”的研究思路，组合运用云模型理论和灰色系统理论，构建了基于云模型和灰色关联度法的巨项目组织联盟合作伙伴评价模型，并通过实例分析验证了该评价模型的有效性和可行性。

三是，针对巨项目有效大系统和独立要素之间、独立要素与独立要素之间的合作协调等非系统性问题，基于合作博弈的思维，运用合作博弈理论构建了巨项目组织联盟的合作博弈分析模型，阐释了合作博弈模型的三种求解方法：核心、夏普利值（Shapley 值）、核仁，并从定量的角度对巨项目独立主体的贡献和效益加以刻画，开创性地提出了巨项目效益贡献合理分配理论（TRABC 理论）及其合作博弈机理。合作博弈机理分析显示：一是参加巨项目组织联盟的各合作伙伴效益的提高，至少要等于由于参加合作而引起的各伙伴的直接效益损失；二是巨项目组织联盟合作博弈的核心非空，并且合作带来的收益的分配方案位于该博弈的核心中；三是在合作中获益较多的伙伴应给获益较少的伙伴一定量的补偿，只有这样才能有望达成合作协议，同时获益伙伴在补偿受损伙伴后的获益应该仍然比参加合作前有所提高。研究结果表明，巨项目组织联盟的合作博弈分析模型不仅为定量解决巨项目组织联盟的合作协调问题提供了新思维、新理论和新方法，亦为巨项目组织管理决策提供了有益的参考和借鉴。

四是，鉴于巨项目组织联盟各参与主体利益诉求点的冲突性和矛盾性特征，探索性地提出了巨项目组织联盟利益均沾的理念（寻求各参与主体“共同把握的最大公约数”）及其数量刻画（利益主体的最大共同利益效用函数），原创性地提出了利益均沾理念下巨项目组织联盟利益协调的平行四边形矢量合成法则，构建了基于夏普利值法和投入风险因子组合分析法的巨项目组织联盟利益博弈修正模型。实例分析结果表明：在利益均沾理念与统筹公平效率的原则下，基于夏普利值法与投入风险因子的组合修正模型对于巨项目组织联盟的利益分配是公平合理的。实例分析表明该模型计算结果较为客观可靠，具有较强的有效性。

五是，基于合作博弈分析模型的启示，运用机制设计理论设计了巨项目组织联盟的分配机制、合作机制（主要包括建立巨项目组织联盟中合作伙伴的有效磋商机制、公平合理的效益贡献分配机制以及促进巨项目组织联盟合作实现优势互补）；进而从利益约束、利益分配、利益激励、利益表达四个维度来构建巨项目组织联盟的利益协调机制；最后从五个层面探讨了巨项目组织联盟合作协调的实现机制，以期为促进巨项目组织联盟的持续高效运行起到有力的组织保障作用。

总之，该著作基于系统与非系统相结合的思维视角，运用定性分析与定量分析相结合的方法，采用多学科理论深入探究巨项目组织联盟的合作协调机理及合作协调机制，不仅有助于挖掘巨项目组织合作协调的内在规律，亦可为巨项目组织管理提供有益的理论依据和基础方法，从而促使巨项目组织管理在认识论和方法论层面上实现质的飞跃。

本书著者在攻读博士及高校任教期间，一直致力于巨项目管理理论与方法体系层面的研究，发表了许多关于该领域的学术论文及著作，先后参与了多个超大型项目的前期策划、实施和运营管理工作。在本书的写作过程中，作者尽力结合擅长领域的专业知识和实践经验，以期保证本书理论方面的前瞻性和实践方面的实用性。当然，限于作者的理论水平和实践经验，书中观点难免存在一些不足，恳请前辈、专家、同行及读者予以批评指正。

晏永刚 博士

2017 年 9 月于重庆交通大学

目 录

1 绪 论

1.1 研究背景及意义

1.1.1 研究背景

伴随加入世界贸易组织（WTO）这一伟大历史进程，中国经济正逐步成为世界经济的重要组成部分。全球经济的迅速崛起和我国经济建设的全面推进，带动了包括生产性建设和非生产性基础设施建设在内的各类工程建设的蓬勃发展。我国工程建设项目的数量和类型亦不断增加，大型复杂项目的出现已呈加速趋势，由此国家加大了对工程管理的重视。当前，中国正处于一个前所未有的投资热潮和经济高速发展阶段，正是这种历史潮流把工程管理推到了新时代的潮头浪尖（任宏、晏永刚，2009）[1]。

（1）宏观经济的持续快速发展要求更加注重工程管理。

自 2002 年以来，我国的国民经济持续快速增长（见图 1.1）。众所周知，我国的经济增长很大程度上是由固定资产投资拉动的，经济的增长必然伴随着大量固定资产的投资。从 2002 年至 2015 年，我国固定资产投资的平均增长速度一直维持在 25% 左右（见图 1.2）。到 2015 年，固定资产投资已经达到 561 999 亿元。大量固定资产投资带来的是数量惊人的大型工程项目，因而宏观经济的持续快速发展要求更加注重工程管理（任宏、晏永刚，2008）[2]。

（2）城市化进程的加快推进成为工程管理持续发展的助推器。

自 2003 年以来，我国的城市化进程明显加快，2016 年城市化率已经达到 57.4%（见图 1.3），而且以每年一个百分点的速度快速推进。党的十六大报告明确提出，到 2020 年城市化率要达到 60% 左右，全国城市人口将

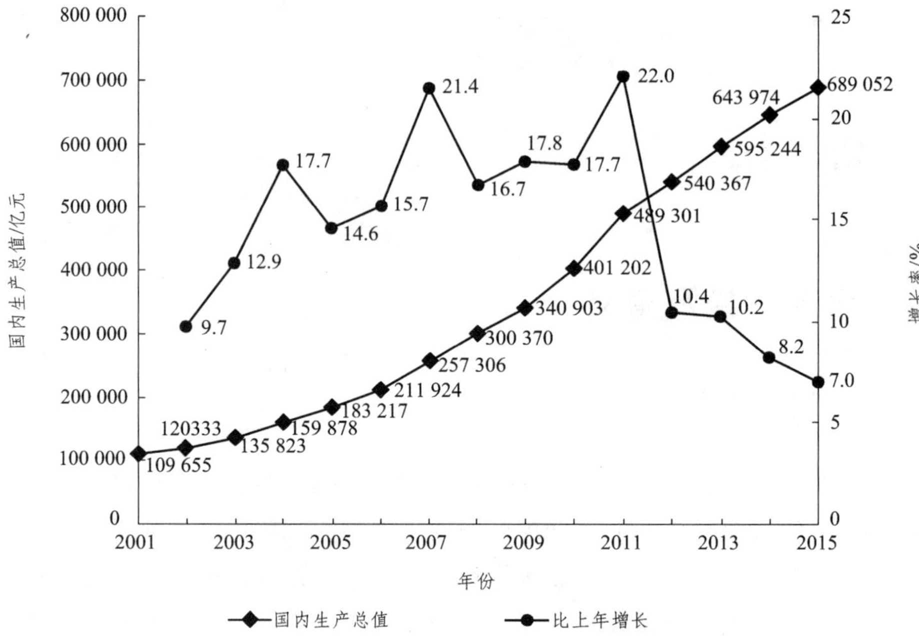

图 1.1 中国历年来国内生产总值及其增长速度（2001—2015 年）
（数据来源：中华人民共和国国家统计局）

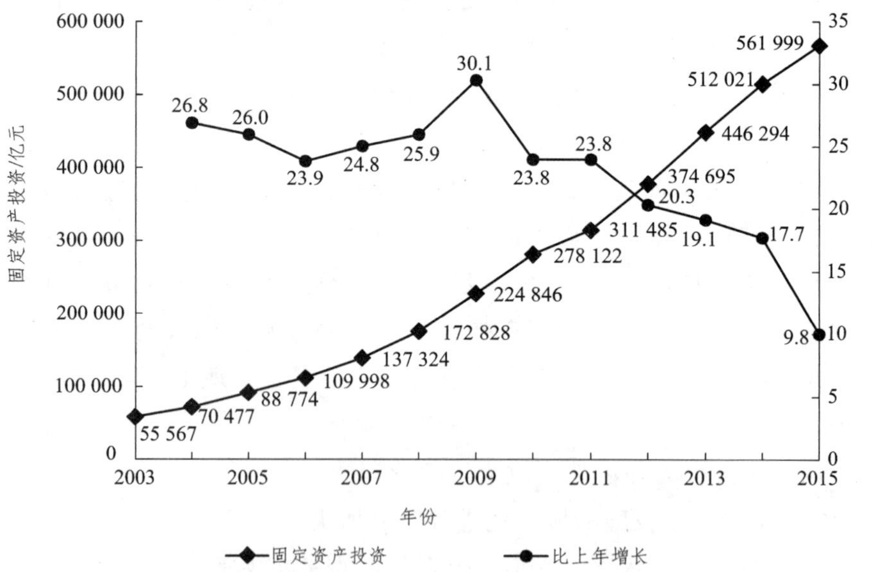

图 1.2 中国历年来固定资产投资及其增长速度（2003—2015 年）
（数据来源：中华人民共和国国家统计局）

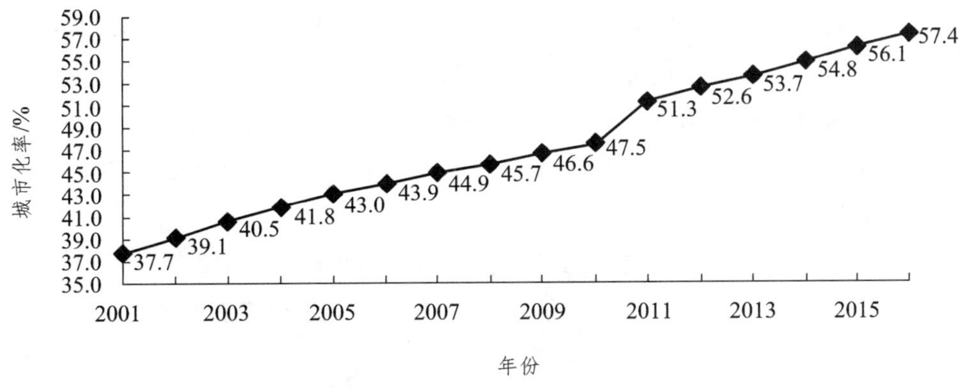

图 1.3 我国城市化发展水平（2001—2016 年）

（数据来源：中华人民共和国国家统计局）

达到 8 亿。根据《中国城市发展报告 2010》（潘家华，2010）[3]，未来 40 年我国的城市化率将提高到 75%，同时根据城市化发展的 S 曲线理论，城市化率从 30% 到 70% 发展阶段是一个持续快速稳定的发展阶段，我国未来的 40 年刚好处于这个阶段。城市化进程必然会带动大规模的城市基础设施建设，即使目前认为已经实现了城市化的地方，也存在着大量的基础设施建设需求。对于我国而言，尽管每年新上数以万计大大小小的基础设施建设工程，但相对于发达国家而言我国的基础设施人均占有率还处于较低的水平。大量基础设施的建设必然会给工程管理提供更为广阔的舞台，城市化进程的加快推进也将助推工程管理持续发展。

（3）大型工程建设将成为经济增长的基本推动力。

大型工程建设是经济增长的基本推动力量，关乎国计民生。据统计，2004—2015 年我国的固定资产投资总额分别为 70 477 亿元、88 774 亿元、109 998 亿元、137 324 亿元、172 828 亿元、224 846 亿元、278 122 亿元、311 485 亿元、374 695 亿元、446 294 亿元、512 021 亿元、561 999 亿元（中华人民共和国国家统计局，2016），其中大型工程建设项目占了相当大的比重，有力地促进了我国经济社会的发展。近年来，随着我国经济的快速增长和综合国力的不断增强，我国涌现出了一大批大型工程项目，如三峡水利枢纽工程、青藏铁路工程、南水北调工程、西气东输工程以及港珠澳大桥等。这些大型工程都有一个突出特点，就是能对区域经济、国民经济、全球经济产生重大深远的影响，对国防建设、重大科技探索、社会稳定、生态环境保护、重大历史事件有决定性的意义。可以预测，随着经济建设步伐的不断加快和国家综合国力的逐渐增强，在能源、交通、水利、国防建设以及生态环境保护等方面的大型建设工程项目还将不断涌现。毋庸置疑，大型工程建设将成为经济增长的基本推动力。

（4）巨项目已成为人类文明与社会进步的里程碑。

所谓巨项目，是指对区域经济、国民经济、全球经济能够产生重大深远影响，对国防建设、重大科技探索、社会稳定、生态环境保护具有决定性意义的特大型工程项目（任宏，2004）[4]。

自人类文明诞生伊始，人类就开始涉及巨项目的建设管理，比如：中国的万里长城、京杭大运河，埃及的金字塔，古罗马的尼姆水道等。这些人类最古老、最值得尊崇的成就，有力地推动了人类社会的进步。在当代中国，三峡工程、南水北调、西气东输、西电东送、青藏铁路、港珠澳大桥等巨项目的实施，不仅改变了中国资源、能源的空间分布格局与利用结构，而且对区域经济乃至全球经济发展起到了举足轻重的作用。同时，巨项目作为国家发展的强大引擎，有助于维持经济高速运转和促进综合国力提升。巨项目建设管理的水平是一个国家综合国力的象征和国家核心竞争力的体现。中国是世界上最大的发展中国家，全球经济发展最快国家之一。中国的巨项目建设管理具有全球广泛参与力、影响力和高级别难度。只有确保巨项目的成功建设和有效管理，才能确保中国国民经济又快又好发展，为世界经济和人类进步做出新贡献。进入 21 世纪，基于巨项目的建设活动越来越频繁，并逐渐从土木建筑领域快速延伸到生态、生物、航空、航天、国防、高科技等领域。

当前，巨项目已经成为将国家的力量集中于一个目标的工具，只有实施超大规模的活动，才能在短时间内实现快速发展的重大经济目标。这种大规模的活动与基于中国国情的社会体制及经济现状相辅相成，促进了经济跨越式的发展。巨项目不仅关系到人类发展、资源能源、生态环境和人民健康等重大紧迫问题，而且每一个巨项目都瞄准一群核心技术，具有明确的物化目标，凸现促进社会可持续发展的特征。这表明，推进社会可持续发展的方式正在发生着重大转变，即从以往注重单项创新转变为更加重视各种技术、资源的优化组合与集成，强调在巨项目形式的基础上引领社会跨越式发展。

（5）现阶段对巨项目管理的认识需要质的飞跃。

巨项目管理应该是一般项目管理在更高层次、更新平台上的发展，它不仅是基于项目层面的活动，而且还包括基于国家意义的运作，以及涉及多经济区域、多部门权力机构和多经济实体等多方主体的协同参与，其社会影响、环境构成、组织、文化、管理及市场描述远比一般项目复杂。现阶段对巨项目管理倘若继续沿袭传统项目管理方法，必然会导致巨项目管理实践中出现投资决策失误、组织管理不力、资源严重浪费、信息交流受阻等现象，最终致使项目不能按计划圆满完成，从而在一定程度上影响了宏观战略决策和战略目标的实现（任宏、张巍，2008）[5]。无论从组织实施、建设规模、建设周期、建设难度，还是从管理层次、决策体系、信息规模、不确定因素等角度分析，巨项目都是复杂系统工程。巨项目的建设与管理可以对地方经济、国家经济和社会发展，乃至世界和平发展、人类文明进步做出贡献，其影响力和参与度通常是跨地区、跨国度的。因此，对巨项目管理的认识需要实现从量变到质变的飞跃，并由此推动理论和实践创新。

（6）新形势下巨项目组织联盟亟待优化设计合作协调机制。

当前，巨项目的建设发展不仅对于实现一个国家国民经济的健康协调发展具有十分重要的现实意义，而且已经成为一个国家产业升级和经济增长的重要推动力量。由于巨项目建设管理涉及数量繁多、种类繁杂的投资主体、管理主体和利益主体，导致不同层次的组织结构及其利益群体的关系协调变得十分复杂，因而巨项目的组织协调和合作管理显得尤为重要。随着巨项目建设规模及复杂性的增大，组织控制功能减弱，组织协调功能增强，而巨项目组织管理的核心就在于合作协调。为此，本书以巨项目组织联盟的合作协调为研究视角，从理论与实证的双重角度，系统深入探究巨项目组织联盟的结构框架、合作协调的机制设计等理论与方法问题。通过上述研究无疑对推进巨项目的协调健康发展，可以起到基础性的探索作用。

综上所述，鉴于现实背景和理论背景，本书力图从理论变革与方法创新两个维度综合开展巨项目组织联盟合作协调机制研究，以期为加快巨项目建设管理的发展步伐与实施进程提供决策参考。

1.1.2 研究意义

进入21世纪,伴随着中国经济建设的高速发展和一系列特大型项目的逐步实施，基于巨项目组织的复杂性分析，建构巨项目组织合作协调的方法论体系，不仅对于提升我国工程管理整体水平、保障经济社会又快又好发展具有重要的促进作用，而且对于丰富和完善工程管理的新思维、新理论、新方法具有较为重要的理论意义和实践价值。具体而言，体现在以下四个层面。

（1）有助于适应巨项目管理复杂性的现实需要。

由于巨项目的建设过程周期长、不确定因素多、风险大，并涉及数量多、规模大并代表不同利益的参与主体，存在大量协作界面，既交织又分离，错综复杂，从而致使巨项目组织模式与组织架构相当复杂。其复杂性主要表现为多平面、多层次和多子系统。研究巨项目组织联盟的合作协调机制，有助于挖掘巨项目的合作协调机理及其内在规律，有助于适应巨项目管理复杂性的现实需要。

（2）有利于为巨项目管理提供科学的理论基础和方法论指导。

一方面，巨项目多元化的参与主体、多学科技术交叉、多变和不确定的项目环境使得巨项目管理层面的复杂性急剧增加，巨项目日益体现出开放的复杂大系统特征。另一方面，当前我国正处于经济转型时期，建筑市场秩序不太规范，工程实践界面临诸多实际问题亟待解决。其中，许多实际问题不仅牵涉到工程、技术与管理，甚至触及到生态环保、社会道德及法律层面，这就容易造成多方面、多层面、多领域矛盾的交叉。探索和研究基于中国国情的巨项目组织合作协调理论与方法，对于推进大型工程建设的制度创新与管理创新具有重要的现实意义，有利于为巨项目组织管理提供科学的理论基础和方法论指导。

（3）有利于提升我国工程管理水平、促进工程建设领域实现可持续发展。

目前，我国在大型工程项目建设实施过程中还较为缺乏系统和综合的管理能力，工程管理方式较为粗放、工程建设管理整体绩效较为低下、工程管理综合竞争力不强，从而在一定程度上制约了我国工程建设管理由追赶向赶超转变、由粗放向集约转变的发展速度和质量。因此，研究巨项目建设管理的组织结构和合作协调机制，可以为巨项目的实践提供有力的技术支撑与组织保障、促使巨项目保值增值，从而有利于提升我国工程管理水平、促进工程建设行业实现可持续发展。

（4）有利于丰富和完善工程管理学科体系与理论方法。

通过探究巨项目组织联盟的内在合作协调机理，从而设计巨项目组织联盟合作机制，不仅可以丰富完善工程管理学科体系与理论方法，而且还能够在一定意义上指导工程管理专业的学科建设和新形势下高级复合型项目管理人才的培养。

1.2 研究对象概念界定

1.2.1 巨项目

（1）巨项目的甄别指标。

有关“巨项目”的概念，最早是由重庆大学任宏教授于 2004 年在中国工程院工程管理学部学术年会（“重大工程项目管理模式研讨”）上首次提出的，任宏教授将那些规模庞大、特别复杂和社会影响巨大的特大型项目称为巨项目（任宏，2004）[4]。尽管任教授这一概念界定具有高度概括性和系统集成性，但要进一步通过确切的指标数据来明确界定巨项目与中、小项目却十分棘手。且巨项目的概念厘定亦因人而异、因国家而异，这就更加加大了巨项目界定的难度。为确保本书有一个明确的抓手和着力点，通过案例收集及案例总结，并运用文献研究法和案例研究法，本书设计了巨项目的甄别指标（见表 1.1），以此明确巨项目的具体特征属性。本书认为在巨项目的甄别指标体系中，只要同时满足典型巨项目甄别指标 6 项（建设规模、总投资、建设周期、组织合作协调、影响意义、技术复杂指标）中的 4 项，或者其中有 3 项指标很突出，即可视为巨项目。关于巨项目的具体甄别方法，可以按照表 1.1 中所给出的典型巨项目的甄别指标数据加以参照评判，并根据甄别指标运用专家打分法予以确定。需要说明的是，本书所涉及的巨项目主要是面向工程建设领域的超大型项目。

表 1.1　基于典型案例分析的巨项目甄别指标

典型巨项目	建设规模指标	总投资指标	建设周期指标	组织合作协调指标	影响意义指标	技术复杂指标
三峡工程	总装机容量 1 820 万千瓦，年平均发电量 847 亿千瓦时；航道单向年通过能力 5 000 万吨，移民 84 万人	约 1 975 亿元	17 年	涉及国务院三峡工程建设委员会、湖北省、重庆市等机构的合作协调，协调难度非常之大	全世界最大的特大型水利枢纽工程	要解决防洪、发电、航运、生态保护、移民搬迁等技术难题
南水北调	三条调水线路的多年平均年调水总规模 448 亿立方米，其中东线 148 亿立方米，中线 130 亿立方米，西线 170 亿立方米	总投资超过 5 000 亿元	建设时间 40～50 年	涉及国务院南水北调工程建设委员会办公室、水利部、发改委、建设部、及 10 多个省区直辖市的合作协调，协调难度非常之大	南水北调工程是我国优化配置水资源的重大举措，是解决华北、西北地区缺水的一项战略性基础设施工程	高原强震区高坝及隧洞设计与施工、工程地质问题、需要解决生态保护、征地移民、防洪灌溉等技术问题
西气东输	管线全长 4 000 千米	总投资 1 200 亿元人民币	约 7 年	西起新疆塔里木的轮南油田，东至上海、延至杭州，途经中原、华东、长江三角洲地区，涉及 11 个省区直辖市的协调	拉开西部大开发序幕的标志性建设工程，中国目前距离最长、管径最大、投资最多、输气量最大、施工条件最复杂的天然气管道	涉及穿越戈壁、荒漠、高原、山区、平原、水网等各种地形地貌和多种气候环境的技术难题，施工难度世界少有
青藏铁路	全长约 1 956 千米	总投资 330 亿元	5 年	涉及青藏铁路建设总公司、青海西藏两省区之间的合作协调	“十五”四大标志性工程之一、西部大开发重点工程之首	需要解决脆弱的生态、高寒缺氧、多年冻土等技术难题
港珠澳大桥	全长 55 千米	总投资 1 000 亿元以上	8 年	东接香港特别行政区，西接广东省珠海市和澳门特别行政区，涉及珠江东西两岸的合作协调	世界最长跨海大桥，国家高速网珠三角地区环线的部分和跨越伶仃洋海域的关键性工程	涉及地基问题、生态保护、施工环境复杂等技术性难题

（2）巨项目有效大系统的概念界定。

就巨项目与一般项目比较而言，完成这些项目的管理方法中科学的成分要复杂得多。尽管巨项目涉及许多要素，但这些要素的影响程度各不一样，且这些要素处在系统中的层次也不一样。基于二八法则的思想，任宏教授提出了“巨项目有效大系统”的概念。一般而言，可将这些要素归结为两类层级：项目执行层级和战略计划层次。就巨项目有效大系统的要素而言，一是，不需要将不重要的要素纳入到巨项目的系统中，这样可以减少系统要素的数量，将更多的精力放在对巨项目有重要影响的要素上；二是，不能将战略计划层级的要素划到巨项目的系统中，因为战略计划层级涉及很多社会系统的要素，这些要素有不同的系统属性，分属于社会的不同系统，且有些要素可能会对巨项目的顺利运行产生重要的景点；三是，将项目执行层次的重要和次要的要素纳入到巨项目管理的范畴，这样才可提高系统的效率、增强系统整体涌现性。基于这一理念，可以界定巨项目有效大系统的构成要素（见图 1.4）。

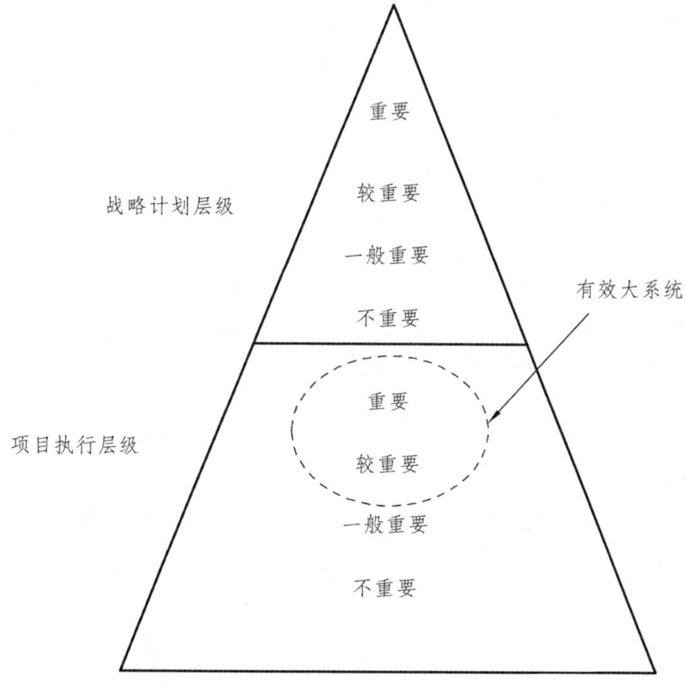

图 1.4　巨项目有效大系统的构成要素

（3）巨项目：有效大系统与独立要素的集合。

将巨项目限定在一个有效大系统内，在这个有效大系统内按照系统的方法管理巨项目是简化巨项目复杂性的思路之一。然而，将巨项目限定在一个有效大系统内就会将战略计划层级的要素排除在外，而这些要素有可能对巨项目的实施产生很重要的影响。理论研究和实践探索表明越是巨大的项目，其涉及战略计划层级的要素就越多，且这些要素对巨项目实施的影响也越大。毫无疑问，在具体的巨项目实践中，不能忽视这些来自不同系统的要素。鉴于此，本书将这些属于战略计划层级的要素称为独立要素。为有效建立有效大系统与独立要素的联系，本书认为巨项目是有效大系统和独立要素的集合，以此作为解决巨项目复杂性的思路之二。这样巨项目就被看成是有效大系统与独立要素的集合，因而可以用系统与非系统的思想相结合的方式去探究巨项目管理，在有效大系统内更多地运用系统科学发展起来的技术处理资源使用、分配的问题，并使这些工作更加有效；在有效大系统与独立要素之间，用非系统的方法，重点处理好它们之间合作和协调的问题（见图 1.5）。本书重点探讨巨项目有效大系统和独立要素、独立要素之间的合作协调问题。

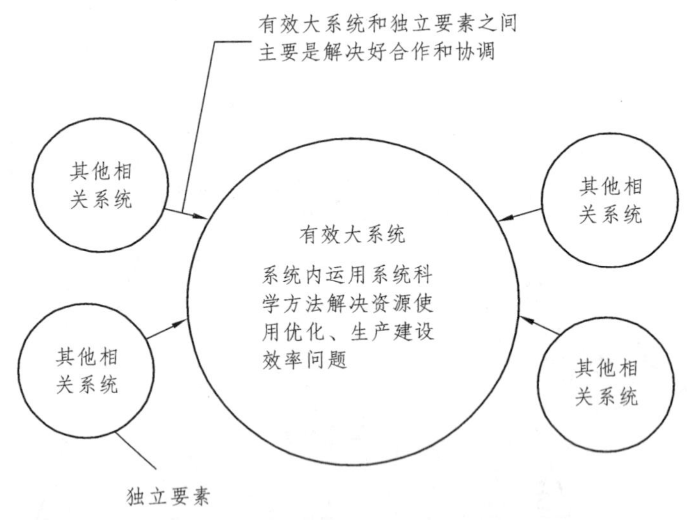

图 1.5　巨项目：有效大系统和独立要素的集合

1.2.2 巨项目组织联盟：有效大系统组织和独立要素组织的集合

根据巨项目——“有效大系统与独立要素的集合”的理论，对巨项目的组织系统结构进行静态和动态分析，巨项目组织联盟也应由两部分组成：有效大系统组织（the Organization of Effective Large-scale Systems，OELS）、独立要素组织（the Organization of Independent Elements，OIE），即巨项目组织联盟就是有效大系统组织和独立要素组织的集合，是巨项目所有参与主体和合作伙伴的统称。

（1）有效大系统组织。

有效大系统组织是在巨项目各个阶段，直接承担巨项目实施任务的组织，也是直接承担巨项目关键线路任务的组织机构。例如，统筹负责长江三峡水利枢纽工程建设管理工作的国务院三峡工程建设委员会，以及负责全面协调南水北调工程建设的国务院南水北调工程建设委员会办公室。在巨项目的论证和决策阶段、方案设计阶段、建设阶段、试验阶段、运行阶段等，直接承担具体任务的核心组织是动态变化的，即巨项目有效大系统组织结构具有动态性。

（2）独立要素组织。

独立要素组织在巨项目实施中起辅助作用，一般承担巨项目非关键线路工作的组织。巨项目实施中的“多头、平行、并进”特征，造成巨项目实施中存在大量的“外围任务”。这些承担巨项目的外围工作的组织和机构，我们称之为独立要素组织。巨项目独立要素组织，大多数属于永久性组织，如科研院校，各种专业研究所，地方政府机构等。如在长江三峡工程中负责三峡库区移民搬迁的各级地方政府组织，就是三峡工程建设的独立要素组织；在青藏铁路建设中，负责高原冻土研究和生态环境保护研究的所有科研院所，都属于青藏铁路项目的独立要素组织；在神舟载人飞船计划中，负责攻克各个科学和技术难题的组织机构，负责着陆场系统等外围任务的组织，都是独立要素组织。也有专门针对巨项目而成立的临时性独立要素组织，如 2008 年北京奥运会巨项目的“北京奥运会志愿者”招募和培训机构，就属于临时性独立要素组织。巨项目独立要素组织虽然承担的是巨项目外围任务，但是结果具有不确定性、时间比较长、影响重大的关键性工作。

1.2.3 合作协调机制

随着当前工程建设项目的日益大型化和复杂化，近年来一些学者高度重视大型项目管理中的“3C”，即 Communication（沟通）、Coordination（协调）与 Cooperation（合作），3C 之间相互依赖且相互融合。对于巨项目而言，合作是指在建设过程中、各参与主体的团队凝聚力与外部团队的协作能力。关于协调的概念，周三多（2009）[6]认为协调就是促使个人的努力与集体的预期目标相一致，每一项管理职能、每一次管理决策都需要进行协调，换言之，管理的本质就是协调。合作与协调都是巨项目管理的整体，合作与协调对于巨项目管理而言密不可分。合作是协调的实现目标，协调是合作的具体手段，二者都是确保巨项目实现协同管理的重要内容。为此，本书将合作与协调这两个概念统称在一起，以有效把握巨项目组织联盟的核心工作。“机制”一词最早源自希腊文，“机”指机器，“制”指约束、控制，结合起来，机制就是指人们为了达到预期目标而创造和使用的机器、机械等工具或者手段。在本书中，机制是指巨项目组织联盟之间为完成相互联系、相互作用，在联系与反馈过程中制定制度、制定约束的方式、方法和手段。综合起来，本书涉及的合作协调机制实质上是指各个结盟主体对巨项目组织联盟在建设管理过程中所形成的相互协作关系、资源整合、信息共享、界面协同、利益分配等一系列问题的制度安排。

1.2.4 巨项目组织联盟合作协调机制

基于前述巨项目及巨项目组织联盟的概念，本书认为，所谓巨项目组织联盟合作协调机制是指对巨项目组织联盟参与主体协同工作关系、利益协调关系、合作互信关系的制度设计和制度安排。巨项目组织联盟合作协调机制的内容主要包括：一是，巨项目组织联盟中有效大系统组织和独立要素组织由于共同合作所作贡献和所产生的效益的分配机制设计；二是，有效大系统组织和独立要素组织合作中产生的成本和风险的合理分摊机制；三是，有效大系统组织和独立要素组织在不同阶段、不同界面的工作衔接配合机制和矛盾冲突解决机制。前面二者正是本书所要重点探讨的研究内容。

1.3 研究目标及主要研究内容

1.3.1 研究目标

本书旨在构建适应巨项目管理实际需要的新型空间组织结构形式，以及巨项目组织联盟合作伙伴的评价决策方法；进而基于合作博弈理论分析巨项目组织联盟合作协调机理；最终设计促进巨项目组织联盟合作协调的机制，以期为完善巨项目组织管理理论和方法提供理论参考和决策借鉴。

1.3.2 主要研究内容

根据前述研究目标，本书主要研究内容主要包括以下 6 个部分。

（1）文献研究与理论基础分析。

主要对当前国内外巨项目组织管理理论与方法的演进进行全面综合的文献述评及总结，进而对巨项目组织联盟合作协调的相关理论基础进行理论诠释。

（2）巨项目组织粘结理论与云组织结构形式设计。

为确保巨项目组织保障的有效性，在阐述关键组织和关键组织链的基础上，提出巨项目组织粘结理论与方法，构建基于多级关键组织的巨项目空间组织结构形态（巨项目云组织结构形式），以期在组织框架层面为巨项目组织联盟的合作协调提供组织支撑。

（3）巨项目组织联盟合作伙伴评价模型与方法研究。

鉴于巨项目组织联盟潜在合作伙伴评价的模糊性、随机性特征，设计巨项目组织联盟合作伙伴评价指标体系；进而运用云模型理论，构建基于云模型和灰色关联度法的巨项目组织联盟合作伙伴组合评价模型，并用于实例研究。

（4）基于合作博弈的巨项目组织联盟合作协调模型构建。

运用合作博弈的理论方法，构建巨项目有效大系统与独立要素、独立要素之间的合作协调模型，阐述基于合作博弈的巨项目效益贡献合理分配理论，并深入探讨巨项目组织联盟的合作博弈机理。

（5）利益均沾理念下巨项目组织联盟利益协调研究。

阐释巨项目组织联盟利益均沾的内涵及其数量刻画，提出巨项目组织联盟利益协调的平行四边形矢量合成法则，构建基于利益均沾的巨项目组织联盟利益博弈修正模型，并用于模型实例分析。

（6）促进巨项目组织联盟合作协调的机制设计。

主要包括：一是，巨项目组织联盟的分配机制设计；二是，基于合作博弈分析模型的启示设计巨项目组织联盟的合作机制；三是，基于联盟利益博弈修正模型的启示设计巨项目组织联盟利益协调机制；四是，基于巨项目云组织结构形式的启示设计巨项目组织联盟合作协调的实现机制。

1.4 拟解决的关键问题

本书紧紧围绕研究目标，沿着“文献研究→理论基础分析→空间组织结构形式设计→合作伙伴评价→合作博弈模型构建→利益协调机制→合作协调机制设计”的逻辑演绎过程依次展开巨项目组织联盟合作机制研究，并重点解决以下五个关键子课题。

1.4.1 巨项目空间组织形式设计

本书基于二八定律的思想，并借鉴组织学的理论，从宏观和中观层面阐述了巨项目组织粘结的原理及方法，尝试将组织结构形式设计实现由二维平面向三维立体变革，进而开展基于多级关键组织的巨项目空间组织结构形式设计研究，以期实现巨项目有效大系统组织与独立要素组织的系统集成与有机融合。

1.4.2 基于云模型和灰色关联度法的巨项目组织联盟合作伙伴评价

当前关于组织联盟合作伙伴的评价与选择问题，已经逐渐成为理论界和实践界的研究热点，并涌现了许多有关合作伙伴选择的定量评价方法。但现有研究成果大多未能有效考虑评价指标的模糊性和不确定性，且评价方法过于单一，综合性不强。为此，本书尝试运用组合评价的思维，组合运用云模型和灰色关联度法开展巨项目组织联盟合作伙伴评价。

1.4.3 基于合作博弈的巨项目组织联盟合作协调模型构建

目前国内外有关组织联盟的合作协调问题的研究大多是基于非合作博弈的思维。本书打破传统思维模式，针对巨项目有效大系统和独立要素、独立要素之间的合作协调等非系统性问题，从合作的视角，运用合作博弈理论构建了巨项目组织联盟的合作博弈分析模型，并阐释了合作博弈模型的求解方法。

1.4.4 利益均沾理念下巨项目组织联盟利益协调的机理研究

由于巨项目涉及区域广、参与主体多，常常会表现为在某个阶段一方获利，另一方受损的情况，但绝对不能出现全部项目完成后一方获得利益而另一方不获得利益的情况，而利益均沾的理念可以有效破解巨项目组织联盟众多参与主体的利益协调难题。为此，本书根据巨项目组织联盟各参与主体利益诉求点的冲突性和矛盾性特征，探索利益均沾理念下巨项目组织联盟利益协调的机理。

1.4.5 巨项目组织联盟合作协调机制设计

巨项目组织联盟合作协调机制设计是本书的出发点和落脚点。基于合作协调的理论与博弈分析，运用机制设计理论，设计促进巨项目组织联盟合作协调的机制。

1.5 研究方案

1.5.1 研究方法

本书基于系统分析的思维理念，坚持系统集成和系统优化的观点，综合运用系统工程、经济学、管理学、项目管理、组织理论、机制设计理论、合作博弈理论、动态联盟理论，以及行为科学、管理决策、控制论等相关理论；采用定性分析与定量分析相结合、规范分析与实证分析相结合、系统分析与典型个案分析相结合、系统科学与行为科学相结合的综合集成研究方法开展巨项目组织联盟合作协调机制研究。针对上述五个关键子课题的各自研究特性，拟分别采取不同的研究方法，以实现各个子课题的研究目标。

对于研究子课题一，采取规范分析和比较分析相结合、案例研究与文献研究相结合，以及组织设计理论与方法，立足于宏观和中观的演进思路，按照组织系统集成的逻辑演绎和关键组织重点控制的逻辑思维，构建基于多级关键组织的巨项目空间组织结构形式（本书将其命名为巨项目云组织结构形式）。

对于研究子课题二，采取定性分析与定量分析相结合的方法，综合运用文献研究法、频度统计法、专家咨询法，构建巨项目组织联盟合作伙伴评价指标体系，并基于组合评价的思维，综合运用云模型理论和灰色关联度法构建评价模型。

对于研究子课题三，运用合作博弈的理论，基于非系统分析的思维理念，采取定性分析与定量分析相结合的方法研究巨项目有效大系统与独立要素、独立要素之间的合作协调问题。

对于研究子课题四，运用运筹学的非线性规划方法、并借鉴运用静力学中力的平行四边形合成法则、模糊数学中的模糊综合评判法，结合专家咨询法、定量研究法、比较研究法，系统研究利益均沾理念下巨项目组织联盟利益协调机理。

对于研究子课题五，基于理论阐释和模型启示，将经济学、管理学、系统工程的相关理论有机结合起来，运用机制设计理论综合设计巨项目组织联盟合作协调机制。

1.5.2 研究技术路线

本书遵循“提出问题→分析问题→解决问题”的逻辑思路，重点研究巨项目组织联盟合作协调机制，力求在巨项目组织管理的理论与方法层面实现创新。根据研究目标及其主要研究内容，本书采用的技术路线如图 1.6 所示。

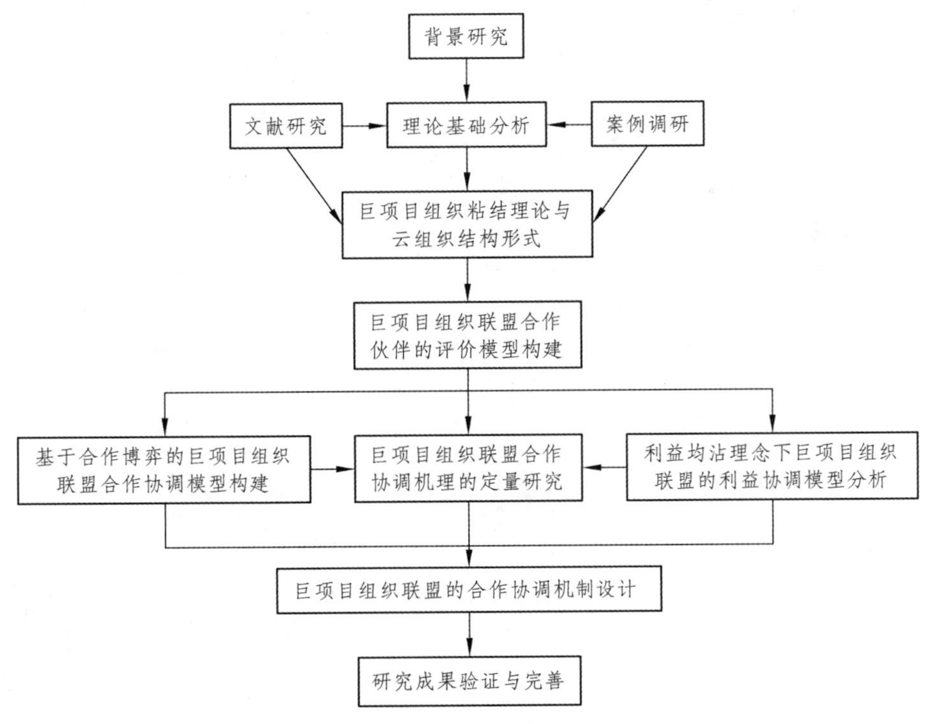

图 1.6 本研究的技术路线

1.6 本章小结

本章首先介绍了研究背景和研究意义；其次界定了研究对象的内涵，接着提出本书的研究目标，并对主要研究内容予以概括；进而围绕研究目标，重点拟订本书的五个关键子课题及研究中拟解决的关键技术，阐述了相应的研究方法及技术路线，从而为后续研究起到提纲挈领的作用。

2 文献回顾及述评

2.1 工程项目管理理论与方法演进

目前在工程管理界运用最为广泛的管理方法是项目管理。项目管理自 20 世纪 50 年代崛起到现今历经了 60 年的完善和发展，已经形成一套科学的知识体系。自 20 世纪 50 年代起，随着社会生产力的不断提高，大型及特大型的工程项目越来越多，并且人类的工程不再局限于以前的土木工程，出现了诸如航天工程、核武器研制工程、导弹研制工程等一系列重大工程，它们极大地推动了工程管理思想的发展完善。

1957 年，美国杜邦公司在其化学工业建厂计划中，创造了“关键线路法”（Critical Path Method，CPM）。1958 年，美国在北极星导弹研制工程管理中，首次采用了工程计划协调技术（网络计划技术）并获得成功，加快了整个系统的研制进度。

20 世纪 60 年代，美国由 42 万人参加，耗资 400 亿美元的“阿波罗载人登月计划”取得巨大成功。在该项目进行的同时，开发了著名的“矩阵管理技术”。工程管理人员还将风险管理运用于项目管理中，采用失效模式和关键项目列表等方法对阿波罗飞船进行风险管理。

20 世纪 50 年代，我国学习当时苏联的工程管理方法，引入了施工组织计划与设计技术。当时的施工组织计划与设计包括业主的工程建设项目实施计划和组织（建设项目施工组织总设计）以及承包商的工程施工项目计划和组织。其内容包括施工项目的组织结构、工期计划和优化、技术方案、质量保证措施、劳动力设备材料计划、后勤保障计划、施工现场平面布置等。

20 世纪 60 年代，华罗庚教授将网络计划方法引入国内，将它称为“统筹法”，并在纺织、冶金、建筑工程等领域中推广。网络计划技术的引入给我国的工程施工组织设计中的工期计划、资源计划和优化增添了新的内涵，提供了现代化的方法和手段，而且在现代项目管理方法的研究和应用方面缩小了我国与国际上的差距。

20 世纪 70 年代，我国在重大项目工程管理实践中引入了全寿命管理概念，并衍生出全寿命费用管理、一体化后勤管理、决策点控制等方法，例如在上海的宝钢工程、秦山核电站等大型工程项目中相继运用了系统的工程管理方法，保证了工程建设项目目标的顺利实现。

20 世纪 80 年代以来，我国的工程管理体制进行了改革，在建设工程领域引进了工程项目管理的相关制度，主要包括业主投资责任制、建设监理制、项目经济责任制、项目法施工等制度。在这一时期，由于计算机逐渐得到普及，使得项目管理的研究得到了进一步扩大，决策支持系统、专家系统和互联网技术在建筑业得以研究和应用。

1996 年，美国项目管理学会（PMI）公布了项目管理知识体系（PMBOK）。实践证明，项目管理具有科学性和可操作性。20 世纪 90 年代中期由澳大利亚悉尼大学 Jaafari.A 博士首先提出的全寿命周期项目管理（LCPM）思想，并借鉴制造业并行工程（CE）思想精华而产生的并行建设（CC）思想，将全寿命周期管理思想延伸至工程项目管理领域（王华，2005）[7]。20 世纪 90 年代初，我国成立了中国项目管理研究委员会（PMRC），是我国目前唯一的跨行业、全国性、非盈利的项目管理专业性组织。

2002 年 4 月，国家经贸委、中国科学院、国家外国专家局、联合国工业发展组织在北京举办了中国首届项目管理国际会议，出版了《中国项目管理知识体系纲要》，为我国项目管理人才的培养和我国项目管理的实践提供了一个重要的标准（李世蓉、邓铁军，2002）[8]。

2011 年 1 月，国家住房和城乡建设部发布了《住房和城乡建设部工程质量安全监管司 2011 年工作要点》，提出继续加大法规制度建设，以落实工程质量安全责任为核心，突出对保障性住房、城市轨道交通工程的质量安全监管，加大对违法违规行为和事故责任单位、责任人的处罚力度，保持工程质量安全持续稳定的良好态势。

2017 年 8 月，国家住房和城乡建设部在《住房城乡建设科技创新“十三五”专项规划》中，提出了要研究“互联网 + ”环境下的工程项目建设管理模式、工作流程、协调工作机制与标准体系，构建政府与社会资本合作模式工程总承包项目的信息化管理模式的要求，为进一步创新工程项目建设管理模式与技术手段，丰富项目管理理论奠定了基础。

2.1.1 基于文献计量的项目管理研究热点和趋势分析

进入 21 世纪以来,有关工程项目管理的理论与方法研究得到了飞速的发展，项目管理的研究热点亦层出不穷。为了进一步揭示近十年来工程项目管理研究随时间序列的主流趋势和发展规律，本书运用文献计量法，尝试对 2001—2016 年项目管理研究内容进行文献频度统计分析。分析结果表明：工程项目成本、进度管理、工程项目风险管理、基于环境友好的工程项目管理、工程项目合同管理、工程项目管理评价一直是项目管理领域持续研究的热点和焦点。

（1）关于项目管理总体研究趋势的时间序列分析：基于 2001—2016 年的文献计量分析。

鉴于 CNKI（中国期刊全文数据库）为综合性的中文核心、专业特色期刊全文数据库，Elsevier SD 为外文高质量学术期刊、系列丛书、参考书等数据库，且 CNKI 和 Elsevier SD 数据库具有典型检索意义，能够较为全面地反映国内外有关项目管理研究进展的演变趋势。为此，本书以 CNKI 和 Elsevier SDOL 作为文献计量分析的主要数据库来源。通过运用高级检索方式输入关键词“项目管理”“project management”，并把检索时间设定到 2001—2016 年进行复合检索，文献检索结果如表 2.1 所示。将符合检索条件的文献按照研究时序进行趋势分析，有关项目管理的研究趋势分析如图 2.1 所示。

表 2.1 以“项目管理（project management）”为关键词的标引论文篇数（2001—2016 年）

年份	中文期刊论文		外文期刊论文	
	篇数	频度/%	篇数	频度/%
2001	792	1.27	40	2.15
2002	1 257	2.01	56	3.01
2003	1 694	2.71	64	3.44
2004	2 020	3.23	52	2.79
2005	2 434	3.90	54	2.90
2006	3 220	5.16	77	4.14
2007	3 835	6.14	79	4.24
2008	4 495	7.20	97	5.21
2009	4 810	7.70	87	4.67
2010	4 928	7.89	98	5.26
2011	5 041	8.07	98	5.26
2012	4 792	7.67	130	6.98
2013	5 515	8.83	180	9.67
2014	6 262	10.03	234	12.57
2015	5 830	9.34	263	14.12
2016	5 528	8.85	253	13.59
合计	62 453	100	1 862	100

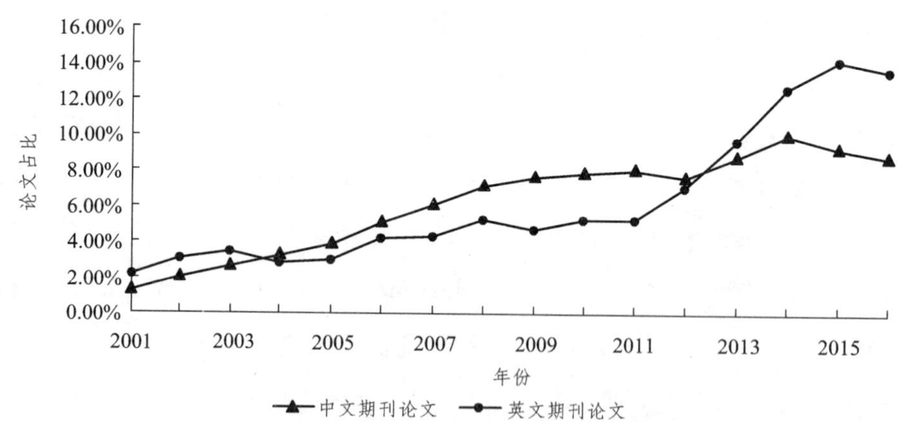

图 2.1 以“项目管理”为关键词的研究文献的时间序列演变趋势（2001—2016 年）

从表 2.1 可以发现，就篇数与频度指标而言，自 2001 年至 2016 年，以“项目管理（project management）”为关键词的标引中外论文篇数呈现出明显的递增趋势，其中中文论文在 2014 年达到了峰值（频度为 10.03%），而外文期刊论文则在 2015 年达到了峰值（频度为 14.12%）。

据图 2.1 可知，在研究时序（2001—2016 年）内，以“项目管理”为关键词的中文研究文献的频度、以“project management”为关键词的外文研究文献的频度基本上与时间序列的关系表现为正向相关，二者均随时间序列呈现出逐年上升的态势。通过分析项目管理方面的中文期刊和外文期刊论文篇数的增长态势，可以发现：中文期刊论文篇数的年均增长幅度（13.83%）要大于外文期刊论文篇数的年均增长幅度（13.1%）。

（2）项目管理领域中外文期刊论文关键词分类统计（2001—2016 年）。

为进一步反映国内外项目管理领域的研究热点和主流趋势、更加客观地表征项目管理研究方向的集中内容和演变趋势，本书分别就项目管理领域的中文期刊论文关键词、外文期刊论文关键词进行分类统计，分类统计结果如表 2.2、表 2.3 所示。

表 2.2 项目管理领域中文期刊论文关键词分类统计（2001—2016 年）

年份	成本（造价）管理	进度（时间）管理	质量安全管理	风险管理	信息管理	合同管理	基于环境友好的项目管理	工程项目集成管理	工程项目管理评价	合计
2001	19	8	0	9	15	49	0	3	1	104
2002	32	8	0	32	25	82	0	7	0	186
2003	43	18	0	38	38	114	0	7	2	260
2004	69	33	0	62	43	118	0	16	2	343
2005	75	42	2	88	52	153	0	10	4	426
2006	134	46	0	107	42	201	1	15	5	561
2007	213	69	1	142	77	327	1	20	9	859

续表

年份	成本（造价）管理	进度（时间）管理	质量安全管理	风险管理	信息管理	合同管理	基于环境友好的项目管理	工程项目集成管理	工程项目管理评价	合计
2008	265	107	2	156	72	360	4	27	5	998
2009	348	116	5	173	93	426	3	33	10	1 207
2010	333	127	2	175	73	374	3	25	13	1 125
2011	367	182	6	188	87	413	2	15	11	1 271
2012	388	193	10	224	104	360	3	17	6	1 305
2013	294	223	10	214	87	340	2	28	12	1 210
2014	311	239	9	226	130	361	3	26	15	1 320
2015	297	222	4	201	96	265	4	26	15	1 130
2016	270	238	5	203	111	292	2	20	12	1 153
关键词标引论文篇数累计频数	3458	1871	56	2 229	1 145	4 235	28	295	134	13 458
关键词标引论文篇数累计频度/%	25.65	13.97	0.41	16.65	8.54	31.58	0.29	2.27	1.05	100
年均增长率/%	19.35	25.38	8.69	23.09	14.27	12.64	7.18	13.49	18.02	17.40
标引频度排序	2	4	8	3	5	1	9	6	7	

表 2.3　project management 领域外文期刊论文关键词分类统计（2001—2017 年）

关键词	project	project management	risk	project manager	activity	construction
关键词标引论文篇数	1062	431	108	105	84	72
关键词标引论文频度	50.04%	20.31%	5.08%	4.95%	3.99%	3.39%
标引频度排序	1	2	3	4	5	6
关键词	organization	knowledge	risk management	system	team	合计
关键词标引论文篇数	71	51	49	47	42	2122
关键词标引论文频度	3.34%	2.39%	2.31%	2.21%	1.99%	100.00%
标引频度排序	7	9	10	8	11	

根据表 2.2 中各个专业领域的关键词标引论文所占频度，2001—2016 年国内项目管理领域的研究内容主要集中在三个板块：

第一个板块是合同管理、成本（造价）管理，关键词标引论文的频度分别为 31.58%，25.65%，二者频度合计为 57.23%，各自关键词标引论文总篇数分别为 4 235 篇、3 458 篇，排在第 1 位、第 2 位。

第二个板块是风险管理、进度（时间）管理、信息管理，这三者的关键词标引论文的频度在 8%～17%，其频度分别为 16.65%，13.97%，8.54%，排在第 3 位、第 4 位、第 5 位。

第三个板块是工程项目集成管理、工程项目管理评价、质量安全管理、基于环境友好的项目管理，四者关键词标引论文频度介于 0～5%，其频度分别为 2.27%，1.05%，0.41%，0.29%，位列第 6 位、第 7 位、第 8 位、第 9 位。

此外，就各关键词标引论文的年均增长率而言，风险管理年均增长幅度最大（25.38%），基于环境友好的项目管理增长幅度最低（7.18%），这表明：

风险管理是国内项目管理持续研究的热点，其研究热度一直处在升温状态。

根据 2001—2016 年国外“project management”领域外文期刊论文关键词分类统计的结果，发现研究的热点内容排在前 5 位的是 project，project management、risk、project manager、activity，其频度分别为 50.04%，20.31%，5.08%，4.95%，3.99%。这表明国外项目管理领域的研究热点主要是围绕项目管理、项目经理、项目风险管理、项目管理活动等内容。

（3）以“项目管理”为关键词检索论文的中外文期刊分布统计（2001—2016 年）。

虽然目前国内外以项目管理为主题的论文发表的期刊数量繁多、种类庞杂，但都表现出一个共同的特征，即大多数论文普遍发表在以项目管理为专业研究和实践方向的主流期刊杂志上。为此，本书基于典型案例分析的研究视角，分别选取国内以《项目管理技术》《山西建筑》为代表的 9 种期刊，以及国外以 *International Journal of Project Management*，*Automation in Construction* 为代表的 7 种期刊作为文献计量分析的研究对象，以此反映 2001—2016 年以“项目管理”为关键词检索论文的国内外期刊分布规律。分类统计结果分别见表 2.4、表 2.5。

表 2.4　以“项目管理”为关键词检索论文的中文期刊分布统计（2001—2016 年）

期刊	《项目管理技术》	《山西建筑》	《经营管理者》	《科学技术创新》	《江西建材》	《科技创新与应用》	《建设监理》	《中国新技术新产品》	《价值工程》	合计
论文篇数	1 092	790	696	403	431	361	330	315	459	4 877
频度	22.39%	16.20%	14.27%	8.26%	8.84%	7.40%	6.77%	6.46%	9.41%	100%
排序	1	2	3	6	5	7	8	9	4	

表 2.5　以“project management”为关键词检索论文的外文期刊分布统计（2001—2016 年）

期刊	*International Journal of Project Management*	*Procedia – Social and Behavioral Sciences*	*European Journal of Operational Research*	*Procedia Computer Science*	*Automation in Construction*	*Procedia Engineering*	*Procedia Technology*	合计
论文篇数	499	168	69	69	61	53	40	927
频　度	52.03%	17.52%	7.19%	7.19%	6.36%	5.53%	4.17%	100%
排序	1	2	3	4	5	6	7	

从表 2.4 可知，2001—2016 年《项目管理技术》《山西建筑》《经营管理者》《价值工程》《江西建材》这 5 种期刊发表项目管理方面的论文频度处于第 1～5 位、各自频度分别为 22.39%，16.20%，14.27%，9.41%，8.84%，5 种期刊合计频度为 71.11%，这表明这 5 种期刊基本上集中了以项目管理为主题的专业研究论文，而《中国新技术新产品》的频度最低，为 6.46%。

在国外，以“project management”为关键词发表论文所占频度最高的期刊是 *International Journal of Project Management*，其篇数为 499 篇，频度为 52.03%，论文发表数量占到总共 7 种外文期刊的一半以上；其次是 *Procedia Social and Behavioral Sciences*，其发表“project management”方面的论文数量为 168 篇，频度为 17.52%，而 *Procedia Technology* 的频度最低，仅为 4.17%。

2.1.2 工程项目成本、进度及质量管理

成本、进度和质量共同构成工程项目管理最基本、最重要的三大目标体系，它们之间有着相互联系、对立统一的辩证关系。当前国内外有关工程项目目标研究的文献主要集中在工程项目目标的相互关系、综合优化、协调控制等方面。Feng（1997）[9]等指出工期及成本优化问题的分析主要包括两个因素：一是，确定工序的实施方案，二是，确定项目工期与成本的关系，即绘制出工期与成本的均衡曲线。Khang（1999）[10]从定性与定量角度系统地分析了项目管理中时间、成本和质量的协同关系，并进行案例分析。Zheng（2004）[11]等针对如何将工程项目的多目标问题转化成单目标问题，提出了改进的自适应权重方法（MAWA）。曹小琳（2002）[12]在构建工程项目管理目标系统结构模型的基础上，系统地分析了工程项目目标系统的特征，提出了工程项目目标系统中各层次子目标优先顺序的确定原则，并用层次分析法分析和计算项目目标系统中各层次子目标重要性程度权值。王健（2004）[13]等利用多属性效用函数理论建立工程项目管理的工期—成本—质量综合均衡优化模型，并在网络计划技术的基础上采用遗传算法对模型进行求解。王永坤（2005）[14]等提出了质量挣值的算法及度量，并用实例加以计算说明。刘晓峰（2006）[15]等建立了质量、费用和工期的多目标综合优化模型，研究了

基于微粒群算法编码解决工程项目多目标优化的方法步骤。高兴夫（2007）[16]等将各活动的质量按照与工期假定的线性关系进行量化处理，以 0 ~ 1 的任意实数来表征各活动的质量，构建质量、工期与费用三者综合优化的数学模型。任宏、晏永刚（2008）[17]在剖析传统工程项目管理理论框架下，三大基本目标所面临的困境基础上，分别从投资、进度、质量三方面，以全新的思维视角诠释了工程项目管理三大基本目标的新意涵，进而提出了从“对立”到“共赢”的投资模式。并探讨了从纯技术决定论到商业条件约束下的进度理论及资金关键线路法，以及“多维可持续发展”的质量内涵。陆宁（2009）[18]等针对当前国内外广泛应用的工程成本和进度的挣值法所存在的问题，以现行的挣值法为基础，在考虑质量影响因素的前提下构建了质量挣值法模型，建立了工程项目实际质量水平的评价指标体系。运用模糊综合评价方法，对工程项目的实际质量水平进行了度量，健全和完善了现行的挣值法，实现了质量挣值法的集成管理研究，使工程项目质量、成本和进度三大目标的控制协调一致。苑东亮（2010）[19]等以工程项目管理规范为准则，从三大目标的系统特征出发，给出了三大目标控制的数学模型及其计算机实现思路。王建设（2014）[20]以安徽省国轩高科综合楼项目为研究对象，深入探讨其项目质量管理存在的问题及原因。提出提高建设工程质量，提高企业竞争力，更好维护公众利益的对策建议。程雨婷、滕丽（2016）[21]等提出基于 BIM 的市政工程项目进度管理的框架，并应用到上海市示范项目周家嘴路隧道，有效提升了该项目进度管理水平。

综上所述，目前国内外关于施工项目质量、成本、进度三大目标管理的理论研究和实践探索取得了较大的进展，研究思路各具特色，研究视角也呈现出多元化的趋势特征，研究方法也从过去的以定性描述为主转向以定量分析为主，但整体研究水平仍处于相互独立和割裂的状态，研究的系统性尚有待进一步完善。

2.1.3 工程项目风险管理

经过长达几十年的理论研究和实践引用，国际学术界已经逐渐对工程项目风险管理的理论形成一致看法，即普遍认为工程项目风险管理是一个系统工程，它包括风险识别、分析、评价、控制和管理，其目的在于通过对项目环境不确定性的研究和控制，达到降低损失，控制成本的目标（王卓甫，2003；尹贻林，2006；王有志，2009）[22-24]。

关于工程项目风险管理研究的重点主要是风险分析与风险控制的新方法和新技术。Jaafari（2000）[25]运用动态仿真建模系统（DSMS）研究了基于项目生命周期的风险管理。Zhang（2007）[26]用脆弱性事件与结果之间的关联关系进行风险识别，并运用模糊算法进行风险评估。此外，实证研究方法也较为成功地应用于建筑领域的风险管理（Tang，2007；Zou，2007）[27-28]，例如，Aleshin（2001）[29]基于 16 个已完成的国际合作项目，对风险进行识别、分类和评价，并开发了风险管理支持系统。Kaming（2000）[30]、Elinwa（2003）[31]及 Chan（2005）[32]分别对尼日利亚和中国的建设工程进行了成本风险控制研究。

国内对项目风险管理和控制模式的研究，已经从最初的定性分析转向定量分析与实证分析。池秀文（2010）[33]等基于 ArcGIS Engine 平台强大的空间分析功能，研究地下工程安全风险管理系统。刘永强（2009）[34]等运用模糊层次分析法构建了水利工程项目成本风险评价模型并加以实例应用。张贤哲、夏光明（2008）[35]构建了工程项目风险管理的三层分布式体系结构，并基于 Web 技术提出了工程项目风险管理的网络结构。韩传峰（2007）[36]等借鉴霍尔三维矩阵，构建工程建设项目的程序、逻辑和合同的三维空间结构，建立了以合同体系为中心的工程风险管理模式。孙成双（2003）[37]等提出了基于多 Agent 技术的工程项目风险管理系统（MACPRMS）的整体架构。

此外，部分学者基于集成风险管理的视角进行风险管理研究。Tah JHm（2001）[38]强调了构建一个能将建设项目各阶段风险决策进行集成的风险管理体系的重要性，并构建了一个风险管理信息模型，探讨了模糊逻辑方法在风险管理中的应用。Kaplia P.（2001）[39]基于集成的观点分析了国际建设项目外汇金融风险的管理问题。Delcano（2002）[40]提出了基于一般建设项目风险管理过程的层次结构风险集成管理方法。Han S. H.（2008）[41]等构建了基于网络的工程项目集成风险管理系统。我国学者赵建军、杨平（2010）[42]

运用集成化理论构建了基于业主的风险管理集成化模型，认为由风险维、组织维、过程维组成的风险管理体系是该模型的核心。王艳艳（2007）[43]等探讨了建设项目全生命周期风险管理的框架，孙成双、顾国昌（2006）[44]构建了基于全生命周期的多 Agent 系统框架。肖文功（2012）[45]基于集成的视角提出了推行高层领导支持机制、激励与惩罚并存机制和公平利益风险分摊机制等三个机制有效控制和管理项目风险。

综上所述，有关工程项目风险管理和控制的研究一直是国内外理论界和实践界的关注焦点。风险管理方面的研究成果逐步趋于系统化和专业化，风险管理研究文献所采用的研究方法也日趋成熟（定量分析和实证分析的成分日益增多），且现阶段有关风险管理的案例实践研究较为侧重于土木建筑、水利电力等工程领域。

2.1.4 基于信息技术的工程项目管理

基于信息技术的项目管理是目前国际上管理领域最前沿的研究方向之一。斯坦福大学的建设工程集成研究中心（CIFE）在基于信息化的项目管理的应用研究方面一直处于世界一流水平。CIFE 中心主任 Martin Fischer 博士一直致力于网络技术和虚拟技术在项目管理中的应用研究，并发表了许多研究成果。英国里丁大学建筑管理与工程学院的知名教授 Daniel W.Halpin 也一直从事项目建设的计算机模拟与基于信息化的管理和组织设计研究，并承担了面向新项目统一框架的项目管理支持系统、网络和电子商务对项目管理模式影响的战略研究等多个课题。

美国许多建筑公司主要是通过应用个人数字助理（Personal Digital Assistants，PDA）加以获取工程进展的实时信息。PDA 包括检查系统、清单和参照系统、位置检查系统、工程监测系统，PDA 中的数据可以通过软件上传或者通过无线网络发送至项目多方参与主体的信息平台中（Kimoto，2005）[46]。对于工程成本控制中，美国的一些工程项目中应用了成本管理计划支持系统（Cost Management Planning Support System，COMPASS）系统，该系统可以辅助识别一些潜在的项目成本增加因素，同时为一个工程项目制定成本控制策略，也允许建造者在成本评估中利用他们的经验以及历史项目发生的数据制定成本控制策略（Hastak，1996）[47]。日本大型施工企业的项目管理信息化程度较高，很多大型建筑公司从工程项目招投标、项目管理信息的交互，直至竣工资料备案都实现了计算机网络管理。在很多施工现场都采用在线数码摄像机，支持项目管理者对工程进度、工序进行监控（Feniosky，2002）[48]。Caldas（2003）[49]基于信息化技术研究了工程建设项目信息管理系统中的文档分类集成管理体系。Yu J. H.（2006）[50]、Cheung S. O.（2004）[51]、Chau K. W.（2003）[52]分别从集成信息系统的评价、基于数据仓库和 Internet 的建设项目管理信息系统等方面展开研究。

近年来，随着信息技术的发展，国内许多专家学者都已经开始意识到，研究基于信息化的项目管理信息系统及相应模式优化的重要现实意义，并将信息化项目管理模式作为未来企业获取竞争优势的主要工具。以丁士昭教授为代表的同济大学工程管理研究所凭借与国外知名公司 Autodesk 的合作项目（又称“长城”合作项目），使其在这方面的研究走在了国内的前列，他们在建设工程项目信息化、项目信息门户（PIP）、工程项目信息化管理方面做了大量深入的研究，并将其运用于北京奥林匹克工程以及烟台万华工程项目，取得了一定的研究成果（卢勇，2004；丁士昭，2005；李永奎，2007）[53-55]。此外，何清华（2002）[56]、陈勇强（2008）[57]也分别针对基于互联网的工程项目信息管理系统、工程建设信息平台的实践应用方面进行相应的研究。朱记伟（2008）[58]等基于现代信息技术，构建了基于 B/S 架构的水利工程项目建设管理信息支持平台。丰亮、陆惠民（2009）[59]分析了基于 BIM 架构下工程项目管理信息系统的优势，提出了基于 BIM 的工程项目管理信息系统的架构及其九大功能模块，分析了该系统全寿命周期的集成运行流程。俞颂华（2008）[60]提出了我国当前推进工程项目管理信息化的关键在于文档与数据管理信息化、信息沟通信息化、过程控制信息化等三个方面。戚振强、王静（2014）[61]提出以信息技术为先决条件的高新技术的发展正在引领建筑业的革命，信息技术条件下，可以通过流程重组或再造，改变传统的基于纸张的传递工程信息的过程。

综上所述，目前国内有关信息化项目管理的研究还停留在概念、模式、方法的探索阶段，且绝大多数研究是基于工程建设项目信息系统架构的理论研究,结合工程实际案例研究工程信息管理系统实现机制的文献还较为鲜见，而国外对于基于信息技术的工程项目研究倾向工程信息管理平台的建设及相关应用操作软件的研发等层面。

2.1.5 基于环境友好的工程项目管理

自 20 世纪 60 年代以来，环境问题逐渐演变为当代人类社会的重大课题之一。2005 年我国制定的《国民经济与社会发展中长期规划》中把“建设资源节约型、环境友好型社会”正式确定为一项战略任务（中国科学院可持续发展战略研究组，2006）。当前，基于环境友好的工程项目管理越来越受到社会各界的广泛关注，主要典型研究成果如下。

Inri Gavronski（2008）[62]分析了 ISO14001 认证标准在巴西建设行业的作用效果及其经济激励方式。Tulay Esin（2007）[63]分析了建筑物材料生产制造过程中对环境的影响。Zhuguo Li（2006）[64]基于生命周期评价的思想，提出了一种用于建筑物生命周期环境影响的评估方法。M. Sohail（2005）[65]等基于环境友好的视角提出了项目运行及维护的持续能力（Capacity of Continuance）。DasguPta（2005）[66]构建了土木工程基础设施的可持续性指标体系框架，为明确提出基础设施可持续性及其度量标准不同于“绿色”建筑的最新文献。Halla R.，Sahaly（2005）[67]等指出采用系统方法定义工程活动对环境的影响非常重要。

甘琳（2009）[68]等通过对不同组织机构的专家进行问卷调查，并加以计量分析，建立了基础设施项目可持续评价的指标体系。施骞（2009）[69]从业主方项目管理的角度，分析工程项目可持续设计的机理和方法，提出业主方可持续设计管理的实施模式，并提供可持续设计控制的检查表。施骞（2008）[70]从工程项目设计管理的角度，采用系统分析的方法，提出了工程项目环境友好型设计管理的思路，构建了环境友好型设计管理的组织模式。曹小琳、晏永刚（2006）[71]将绿色供应链管理（GSCM）的思想引入到建筑业，从工程建设全生命周期的角度探讨了建筑业实施绿色供应链管理的主要途径。林基础（2006）[72]将生态学原理应用于大型公共工程项目系统，提出了大型公共工程项目生态系统的概念，并就大型公共工程项目生态系统的基本概念、核心内容和基本方法进行了框架研究。郑小晴（2005）[73]基于微观可持续发展的理论视角，界定了建设项目可持续概念的内涵，初步构建了建设项目可持续评价框架体系。刘文涛（2017）[74]从“四节一环保”的绿色施工理念为项目管理的出发点，分析了使用虚拟 Partnering 模式、全过程目标管理等手段应用于超大型绿色建筑项目管理的可能性。

综上所述，现有关于基于环境友好的工程项目研究文献普遍将可持续发展的理念与工程项目建设相结合，强调工程项目的可持续性应注重社会、经济和环境的和谐统一，但大多数研究文献较为偏向定性研究，实践应用性研究成果比较少，尤其比较缺乏实例性研究成果。

2.1.6 工程项目集成管理

工程项目集成管理的思想，早在战国时期李冰父子组织修建的都江堰工程中就已萌生。20 世纪 50 年代，人们开始将成本管理和进度管理有机结合起来，此后很多学者纷纷探索工期、质量和成本之间的相互关系及要素集成的机理。2000 年，美国学者 Mitropulos，Tatum（2000）[75]较为全面地提出工程项目集成管理的概念，指出现有工程项目的组织结构、组织文化、管理技能和生产过程存在缺陷妨碍了项目的集成化管理，提出在项目实施过程中使用集成结构和集成管理的技术解决组织文化问题。Jaffri，Mainvong（2000）[25]提出了基于项目全生命周期目标的一般项目管理模型，并以此将整个项目的过程集成起来，以描述项目全生命周期管理的基本原理和框架。W. Edward Back（2000）[76]和 Sou-sen L.（2001）[77]将线性规划理论、模糊数学理论等应用于工程建设项目，探讨了工程建设项目费用和进度的集成与协调问题。Yeo，Ning（2002）[78]探讨了集成供应链管理理论在 EPC 工程项目中的应用问题。美国佛罗里达国际大学的 Zhu（2006）[79]等研究了项目参与各方之间的信息流程集成，并结合案例建立了项目参与方之间信息流程集成的概念模型，以改变目前参与方之间的交流内容局限于项目商务文档的现状。芬兰的技术研究中心 VIT（2008）实施了众多的研究项目，以探索如何对工程项目进行集成化管理。而随着现代信息技术的飞速发展，当前国外许多学者开始致力于工程建设项目集成系统的研究（Halfawy，2007；Boddy，2007）[80-81]。

关于工程项目集成管理的理论框架，国内许多学者已经进行了较多的探讨研究。比较具有代表性的有：戚安邦（2002）[82]教授认为项目集成管理是以项目时间、成本、质量、范围、采购等各要素的协调与整合为主要内容而开展的一种综合性活动。李红兵（2004）[83]认为建设项目集成管理系统主要体现在管理要素集成、过程集成和知识集成三个维度上。陈勇强（2004）[84]认为，超大型工程建设总体集成概念模型可以分为五个组成部分：信息集成、过程集成、参与方集成、目标集成及合同管理，其中信息集成、过程集成和参与方集成是超大型工程建设项目集成不断深化的三个层面。王乾坤（2006）[85]认为建设项目集成管理系统是由逻辑维——组织集成、时间维——过程集成、知识维——目标要素集成在集成信息平台上所组成的三维集成系统空间结构。张红波（2007）[86]提出的建设项目全寿命集成化管理模型主要包括建设过程集成、控制要素集成和参与方集成三个部分内容。陈建国、周兴（2008）[87]提出基于 BIM 模型的建设工程多维集成管理的基础性关键技术。尹贻林、刘艳辉（2009）[88]构建了一个与项目群治理体系相适应的集成管理整合模型，划分出组织管理层次、制度层次、集成管理层次三个可延展的层次，以便对项目集成的有效管理框架起到制度支撑作用，并探讨建立项目群治理框架下集成管理实现模式的计划内容及控制原理。钟登华（2010）[89]等建立了水电工程 EPC 项目信息集成概念模型，提出了项目目标集成、基于 RWBS 的投资与进度集成控制、项目组织集成、工程管理软件集成及其解决方案。张国宗、张丹（2013）[90]等深入分析巨项目集成管理的动因和现状，提出大型工程项目集成管理三维结构体系，构建了 3+1 大型工程项目集成管理总体框架。徐勇戈、鹿鹏（2016）[91]基于业主方管理视角，利用 BIM 信息集成管理平台，从组织文化、组织契约和标准化制度 3 个方面探讨了组织集成实现的保障措施。

综上所述，国内外许多学者在工程项目的集成管理方面（如过程集成、要素集成、组织集成）提出了较为系统的理论和方法，当前项目集成管理理论研究的前沿和热点主要表现在建设供应链集成管理以及工程多维集成管理的方法。国外学者的研究成果在实现工程建设项目的全方位集成的实现机制和系统框架层面上较为集中，而国内学者虽然较为深入地探讨了工程建设项目集成管理的内涵及其理论框架，但研究成果应用于具体工程实践案例的却是鲜有见到。

2.1.7　工程项目绩效评价

绩效评价是度量工程项目实施效果、检查工程项目目标完成程度的重要过程。David K. H.（2003）[92]根据其长达40多年的工程项目管理实践，将项目绩效评价视为工程项目管理的终极焦点。传统的工程项目管理将进度、费用和质量目标作为项目成功的主要标志，因而基于进度与费用统筹考虑的“挣值法”在工程项目绩效度量与管理中得到了广泛的引用（Kerzener H.，2002）[93]。然而，随着以客户满意度为项目成功衡量标准的广为接受，发现“挣值法”已经无法真实有效反映出工程项目的综合绩效，于是人们从过去简单地基于目标进行项目绩效度量与管理的思路转向从价值创造和资源浪费视角探讨工程项目绩效评价工具与方法。Josephson P. E.（2003）[94]对建筑工程项目中的非增值活动进行了一个初步分类，Chua Y. Z.（2003）[95]在分析工程项目生产率与非增值活动之间关系的基础上提出了运用人工神经网络对项目产品生产过程中浪费的影响进行度量的方法。Marton M.（2004）[96]以安全绩效为视野探讨了建立工程项目绩效衡量制度的复杂性，特别指出在项目管理者和现场施工人员之间难以建立有效的反馈机制。Sami K.（2004）[97]通过对芬兰建筑工程项目的经验性研究，分析了工程项目中的客户满意度问题，指出客户需求是通过承包商的协作得到满足，客户满意度与质量保证手段、产品交付工艺过程及材料直接相关。Pollaphat（2006）[98]和Yu（2007）[99]分别从项目成功的影响因素、绩效考评指标方面分析了绩效评价系统在工程项目管理中的运用。

我国学者长青（2006）[100]等对基于传统挣值法理论提出一种新的项目绩

效评价方法——二级挣值法。吴彰叶、钱淼（2007）[101]建立了基于平衡记分卡的工程项目团队绩效评价指标体系。李涵、谭章禄（2007）[102]提出了公共项目评价的定量分析方法——费用效益分析法（Cost Benefit Analysis）。吴建南（2009）[103]等构建了公共项目绩效评价的多维要素框架和绩效评价指标体系。蒋铮鹤、黄有亮（2010）[104]基于 NPCC（净项目完成值）与 NPOV（净产品运营值）两个指标进行以价值为中心的项目评价指标的计算与推证。张思荣、裘榉盈（2012）[105]综合运用了平衡记分卡（BSC）和可拓学理论为工程项目管理系统建立绩效评价模型，最后采用浙江中烟工业有限责任公司“十一五”易地技改工程项目上的相关数据对该模型进行验证，证明了该模型具有可行性和实用性。谭涛、熊志坚（2014）[106]从指标层次、指标数量、指标隶属情况三大方面对工程项目绩效评价指标体系进行比较研究，提出指标类别在不同阶段的重要程度矩阵、一级评价指标选择矩阵、指标类别在不同层级的重要程度矩阵。

综上所述，国内外有关工程项目绩效评价的研究主要基于特定工程项目绩效的评价指标体系设计开展研究，对一般性工程项目的绩效评价的适用性尚有待提高。现有项目绩效评价指标和评价方法的全面性和系统性大都较为薄弱，且大多以经验性描述为主。

2.2 工程项目管理模式研究综述

项目管理模式是工程项目组织管理的核心要素。根据理论与实践研究，目前有关项目管理的模式主要集中在传统项目管理和新型项目管理模式两个层面。国外许多学者对 DB，BT，BOT，DDB，CM，EPC，PC，MC，PMC，PFI，PPP 等项目管理和融资模式进行了广泛的研究（Larson，1995；Eddie et al.，2002；Kumaraswamy et al.，2002；Malcolm，2005；Xu et al.，2006；Salman et al.，2007；Ye et al.，2008）[107-113]。同时，环境因素对工程项目管理模式的影响也得到国外许多学者的广泛关注（Sense，2007；Pheng et al.，2006；Sharrard et al.，2007；Donk et al.，2008；Camprieu et al.，2007；Marrewijk et al.；2007）[114-119]，其中：Camprieu（2007）[118]和 Marrewijk（2007）[119]探讨了文化差异对项目管理模式的影响，Donk（2008）[117]强调了项目管理模式应与项目周边环境的权变因素相协调。此外，近年来有部分学者的研究视角立足于项目管理模式的风险控制研究，如 Liou、Huang（2008）[120]研究了基于项目风险的 BOT 合同谈判，Adednego（2006）[121]研究了 PPP 模式的风险分担机制，Medda（2006）[122]基于博弈论方法分析了不同管理模式下的风险分担。

国内学者对工程项目管理模式的研究，主要集中在项目管理模式的比较分析和实践应用两个层面。其中，比较具有代表性的研究成果有：周冰（2003）[123]从国际工程项目的各种管理模式出发，比较了它们的优劣。张尚（2005）[124]对 CM 模式与 MC 模式进行了比较分析。赵艳华（2007）[125]比较分析了 DB 模式与 EPC 模式。蒲卫彪（2010）[126]等比较分析了绿色建筑工程常用的项目管理模式（DB 模式、CM 模式、PMC 模式）。李英攀、蒋沧如（2009）[127]对三种代建制政府投资项目管理模式进行了比较分析。詹政、王铁山（2008）[128]分析了 PI 融资模式在我国城市公共工程应用的环境、条件、必要性。马骏（2010）[129]分析了将 PMC+Partnering 工程模式应用到铁路项目中的优势和途径。张从军（2004）[130]等探讨了设计—咨询总承包及采购—施工总承包在实际工程中的成功应用案例。何广才，何清华（2005）[131]分析了工程项目总控模式的实际应用案例，并提出了项目总控任务和手段。王帅力、单汨源（2006）[132]探讨了我国公共事业项目管理推行 PPP 模式的问题及其对策。王天高（2006）[133]探讨了 PMC 管理模式在国内铁路工程建设项目管理中的应用。陈冲、李敏然、高东杰（2012）[134]通过对国内工程企业与国外工程企业经营模式的比较，提出在融资渠道、承包方式、管理程序等方面与国际大承包商相对接的发展思路。徐胜利、薛宪凯（2016）[135]认为企业绿色工程环保意识不强、管理侧重点有误、追求经济利益为首要目的以及制度与政策束缚是制约绿色工程管理模式的主要因素。

归纳起来，工程项目管理模式的演进特征主要表现为两个方面：其一，逐渐由将工程项目的生命周期分割成独立的各个阶段来分开管理，过渡到将工程项目全生命周期的各个阶段作为一个整体来进行集成管理，并由最初的仅考虑建设成本的单一要素管理演变到目前的考虑项目各因素的多要素综合集成管理，这也在一定程度上反映出工程项目管理愈加表现出多域、多维、多尺度的特征；其二，工程项目管理模式的转变态势基本上都是围绕工程进度、质量和成本的协调控制来推进的，并旨在寻求节约成本、降低浪费和提升工程产品的品质性能。

2.3 项目管理组织协调机制研究综述

近年来，项目管理组织协调的技术与方法研究取得了较大的进展，并融入了新的研究思维及管理理念。特别是借鉴制造业的管理思想并应用到工程项目管理实践中，如准时生产、精益生产、并行工程、柔性生产、计算机集成制造（CIM）、动态联盟、虚拟组织等。

2.3.1 基于精益思想的工程项目管理协调模式

以美国为麻省理工学院为首的专家组，在对丰田生产方式进行大量研究的基础上，提出了精益生产理论和精益生产方式（Andrew Crowley，1998；魏大鹏，1996）[136-137]。2002年丹尼尔在总结精益企业大量实践经验的基础上，出版了专著《精益思想》，并系统阐述了精益思想的内涵及其应用（丹尼尔，2002）[138]。就精益思想在工程项目管理的应用视角而言，Thomas（2002）[139]探讨了精益建设与工程绩效之间的关系。Sacks（2007）[140]等在高层住宅的建设项目管理中引入精益建设的原则，构建了精益建设管理模型。Haugh（2007）[141]对精益建设理论在一家儿童医疗中心工程建设过程中的成功应用进行了总结分析。

国内对于精益建设的研究较为缺乏，主要集成在基础理论与应用理论研究两个层面。李金亮、赵道敬（2001）[142]等最早把精益建设的理念引入到国内，分析了精益思想运用在我国建筑业的可行性，并就精益思想如何应用于建筑业提出了一些理论和方法。赵道敬（2006）[143]、朱宾梅（2007）[144]将精益建造理论引入到工程建设项目上，提出精益建造的核心思想应建立在“质量、成本和工期”三大要素的集成控制上。冯仕章、刘伊生（2008）[145]归纳了精益建造的理论体系，包括基础理论与应用理论。陈熙、骆仁俊（2010）[146]探讨了精益建造思想在工程项目质量控制中的应用。孙礼源（2014）[147]建立了以精益施工能力、精益采购能力、精益组织能力、精益协同能力四个基本维度的基于精益模式工程项目管理体系。尤翔（2017）[148]结合施工项目成本控制要素分析，提出了全程化精益控制对策，有效促进企业提升工程项目成本管理水平。

总体而言，国内有关基于精益思想的工程项目管理协调模式研究的深度和广度还较为有限，且由于国内建筑业对精益建设的概念还较为陌生，以致在生产实践层面很难得到广泛推广应用。

2.3.2 基于虚拟组织的项目管理组织模式

自 20 世纪 90 年代以来，以现代信息技术和网络环境为支撑，虚拟组织（Virtual Organization）、虚拟工程团队（Virtual Engineering Team）、虚拟项目团队（Virtual Project Team）等概念不断出现在国内外有关工程管理方面的期刊杂志上，许多学者也不断将虚拟组织的理论运用到项目管理组织模式中来。“虚拟组织”一词由普瑞斯、戈德曼和内格尔三人于 1991 年向美国国会提交的一份报告《21 世纪美国制造业的战略》中首次提出（Kenmeth Preiss et al，1991）[149]。目前，国际上对于虚拟组织尚未形成一个统一严格的概念。多数学者认为，虚拟组织从广义上是指一切因强化外部资源利用和特许经营而几乎没有了自己的生产场所和销售渠道的企业（Mowshowitz A.，2002）[150]。Engkavanish（1999）[151]比较了传统组织与虚拟组织中交流和信息共享实践应用的差异与联系，指出虚拟组织中信息交流能力的增加有利于项目的成功实施。Timothy（2004）[152]等使用基于 Agent 的技术探讨了如何根据特定目标快速建设虚拟组织的方法。Yingjun（2005）[153]从跨企业组织关系的角度，指出了针对虚拟组织的“顶层和底层”设计方法，并构建了虚拟组织的结构框架。Seung（2008）[154]探讨了 CITIS（承包商综合技术信息服务）系统在韩国公共建设项目的应用。

在国内，基于虚拟组织的项目管理组织模式目前尚处于初步理论研究和实践过程中。庞玉成、蒋秀荣（2009）[155]基于虚拟组织理论探讨了代建制项目中虚拟组织的实现问题。孔俊（2008）[156]将我国当前监理企业的现状与虚拟组织理论相结合，探讨了监理企业如何构建虚拟组织架构。张宸、司敏（2004）[157]构建了基于虚拟组织环境的工程管理系统。陈江红、苏振民（2003）[158]探讨了工程项目管理虚拟组织的构建及运行。张小瑜（2006）[159]等阐述了设计“虚拟组织”管理模式及其类别。

综上所述，虚拟组织作为适应当今知识经济社会的新型工程项目组织模式，逐渐得到了越来越多学者的关注和研究。学者们的研究视角普遍着眼于虚拟组织的概念内涵、组织模式、管理流程及其在特定项目应用实施的环境条件。然而，关于虚拟组织的定量研究方面的文献却较为缺乏，仅有部分学者基于博弈论的视角进行定量分析（王德兵，2007；邢永杰，2007）[160-161]。

2.4 基于复杂系统理论的大型工程建设管理研究综述

鉴于大型工程建设的数量和规模日益增多，工程项目的复杂性也逐渐凸显出来。当前，国内外许多学者已逐渐开展有关大型工程项目的系统性和复杂性研究。Benard Aritua（2009）[162]基于复杂适应理论分析了大型工程建设项目的复杂性特征。Rouse（2007）[163]指出美国的工程师需要新知识来帮助他们理解其所在工程技术领域中存在的系统复杂性问题。Winter（2006）[164]从工程属性的多维维度来描述工程项目的复杂性。Ottino（2004）[165]指出工程人员需要有理解和应对复杂系统的能力，而获得这种能力需要他们能探究许多原本认为不属于工程项目的复杂性现象。Calvano（2004）[166]认为现代工程系统中日趋增加的复杂性必然要求应用全新的系统工程和系统科学方法。晏永刚（2009）[167]等基于复杂系统理论，分析了大型工程项目的系统复杂性，包括整体性、开放性、动态性、层次性、自适应性，以及运用综合集成方法体系，探讨了大型工程项目复杂性管理模式及实施流程。李迁（2009）[168]等基于对大型工程建设管理问题的分析，建立了程序化管理、系统管理和复杂性管理的三层方法论体系。盛沼瀚（2007，2008）[169，170]通过融合综合集成方法与大型工程项目管理理论，提出了大型复杂工程建设管理的综合集成管理概念，探讨了其基本原理与范式，并介绍了综合集成管理在苏通大桥工程建设中的应用。郭重庆（2007）[171]院士从中国管理学界的社会责任角度提出中国管理学研究要能与中国工程管理实践相结合，以解决复杂工程问题。吴绍艳（2006）[172]基于协同学、复杂适应系统理论和涌现论，对复杂性工程项目的多目标、全过程、各参与方及信息要素的协同管理机制进行了研究。李伯聪（2005）[173]强调通过工程创新来提高处理复杂系统的能力。付志寰（2004）[174]院士指出要上升到工程哲学的高度来认识复杂工程系统。陈星光、朱振涛（2017）[175]从显现层面和隐现层面两个角度阐述大型工程的复杂性内涵，并提出有效应对大型工程复杂性的措施。

综上所述，对于巨项目有效大系统组织的复杂性分析和综合集成管理，尽管在认知和整合层面上已有相关论述。但目前有关巨项目有效大系统组织的系统综合集成管理研究还局限于对工程系统综合性的认识，缺乏巨项目有效大系统组织综合集成管理的深层研究。

2.5 大型工程组织管理研究综述

大型工程项目涉及众多的机构、部门、主体和大量的外部项目干系人，项目管理难度大，专业技术复杂程度都很高，且需要以新型项目管理组织模式作为组织保障。传统的项目组织管理模式已经远远不能适应大型工程建设项目管理的需要。曾晓文等（2010）[176]分析了大型高速公路建设项目管理选择 Partnering 模式的必要性。乐云（2010）[177]等阐述了项目分解结构（PBS）是大型工程建设项目管理的有效工具，提出了大型复杂群体项目管理的三维视角（项目对象维、工作目标维、管理组织维）。封海洋（2009）[178] 以上海世博村项目为例，探讨了大型群体项目管理业主组织结构。曹宝琴（2009）[179]探讨了现阶段我国大型公共工程项目管理模式问题。张国宗（2009）[180]在构建大型公益建设项目集成管理系统模型的基础上，探讨了大型公益建设项目全寿命周期网状虚拟组织的建立。陈辉华（2008）[181]等提出了大型建设项目组织运行机制模型（PFCA 模型）。纪凡荣、成虎（2007）[182]指出大型建设项目的组织结构由外部结构、内部结构和附加结构构成。余立中（2005）[183]等分析了监理总协调人制度在大型项目管理中的运用。在国外，Feniosky Pe-a-Mora（2001）[184]从项目组织协同层面，对各种项目管理模式中的协同因素进行了研究，并对各模式下的协同程度进行了比较。指出不同的项目管理模式对其提出协作谈判方法的影响不同，指出设计/建造模式是项目参与方潜在冲突最少的一种采购模式。Min-yuan Cheng et al（2003）[185]对建设项目中的组织结构进行了研究，提出了一个评价项目内部协同程度的模型，并根据这个模型来评价项目组织结构的效率从而指导项目组织结构的优选。Jolivet，Navarre（1996）[186]从组织的角度提出了基于“自我组织和有规则”的大型项目新的管理形式，并证明这种形式更有生产效率，是更有效的组织结构。A. P. Hameri，P. Nitte（2002）[187]运用项目分解、工作分解和成本分解等结构，并将这些结构系统联系在一起的方法来管理大型项目。Sven Bertelsen（2003）[188]基于精益思想探讨了大型工程建设项目如何避免冲突的方法。Julien Pollack（2007）[189]分析了大型工程项目组织外部环境变化的不确定性及复杂性。Davies A.（2006）[190]和 Sven Bertelsen（2008）[188]从大型建设项目组织复杂性的视角探讨了变革传统项目组织结构模式的现实意义。

总体而言，目前国内外有关大型工程项目组织管理研究成果总体上较为零散、系统性不强，研究方法较为侧重于定性分析和经验分析，部分学者过于强调大型建设项目管理的复杂性特征，而忽视了大型工程项目组织管理的系统有效性特征。

2.6 文献综述总体评价及其启示

2.6.1 关于工程项目管理的研究评价

目前国内有关项目管理的研究文献，在数量上呈现出快速涌现的发展态势，但大部分研究文献的整体学术水平和理论层次欠佳。总结近十年的国内研究文献，不难发现：现有研究大多集中在国外项目管理模式介绍，有关项目投资、进度、质量安全、合同、信息等方面的描述性文章居多，而注重实践性、操作性的论文较少。虽然有部分工程实务界撰写的文章介绍工程案例的具体管理方法和措施，但许多作者都未能深入挖掘其中的内涵，理论高度不够。在研究方法层面，定性分析居多，定量分析和实证研究较少，运用多学科理论进行综合研究的就更少。国外工程项目管理研究趋势则主要是基于项目治理、文化冲突、项目可持续建设、项目供应链与伙伴关系等方向上。

2.6.2 关于大型工程建设项目管理的研究评价

国内外学者在有关大型工程建设项目管理的研究方面提出了一些新的理论和方法，取得了一些可喜的研究成果和实践经验，但尚未形成一套系统的研究理论体系，这就构成未来研究的重点突破方向。目前的学术界主要从不同的角度揭示大型工程项目的复杂性，而大型工程项目的复杂性已经是公认的事实，但是解决大型工程项目复杂性问题的管理方法还十分有限。而且，现有关于大型工程建设项目管理的思想、理论、方法与工程实践实现成功对接的案例十分缺乏。此外，部分学者所提出的大型工程项目的管理方法仅仅是基于特定地域上、特定规模、特定情境的建设项目，对巨项目管理的普适性指导意义不大，因而也就不能简单地将这些理念和方法借鉴运用到超大型项目管理（巨项目管理）上。

2.6.3 关于大型工程项目的组织管理研究评价

目前现有文献所介绍的大型工程项目管理组织管理模式强调技术因素，忽视了组织中人与人之间的关系，缺乏考虑项目子系统成员之间的组织行为及文化差异。关于大型工程项目的组织管理研究内容较为偏向于构建新型组织结构研究，未能进一步分析探讨大型工程项目的组织协调机制，以及项目利益相关者的战略联盟组建及伙伴关系选择问题。此外，有关项目组织管理的研究的方法、手段过于强调系统工程的思想，而未能有效整合系统科学理论与行为科学理论，进而开展复合式研究。

2.6.4 文献研究启示

通过现有文献的综述性评述，不难发现，现有关于大型工程组织协调研究的整体研究现状存在一些不足：一是，有关巨项目的研究文献数量有限，国内外现有可以检索到的以巨项目为关键词的学术论文与著作数量微乎其微，而可以预见的是，超大型工程项目（本书称之为巨项目）将是未来工程界和学术界研究的前沿和热点；二是，研究视角较为单一，大多从复杂性管理、系统性认识的层面入手，忽视了巨项目组织协调管理的非系统性问题，如合作协调问题，而合作协调恰恰是巨项目组织管理的核心内容；三是，研究思维大多过于强调巨项目组织管理的复杂性，未能注意到管理巨项目的思路不仅需要注重复杂性分析与管理，而更应注重巨项目管理的系统有效性；四是，现有研究文献较为倚重理论分析，而定量分析和实证研究不足，尤其是基于合作博弈论分析巨项目组织协调的文献更是鲜见，整体研究的实践指导效果欠佳。

由于巨项目组织管理主体一般不仅仅行使常规意义下的管理职能，甚至不单行使一般系统概念下的管理职能，其主要任务是构建驾驭系统复杂性的平台。巨项目的组织管理问题，既包括系统性问题，又包括非系统性问题。因此，解决巨项目组织管理的思路和方法不能够从静态式、单一式的角度入手，而应站在全局和系统的视角，从组织集成、系统分析、行为分析相融合的方式来展开研究。有鉴于此，本书将在参考借鉴现有研究成果的基础上，尝试研究思维的创新，注重从理论与实证视角开展巨项目组织管理的综合研究，以有效规避现有研究成果的不足。一方面，基于系统科学的思想，并结合有效大系统理论将巨项目限定在一个有效大系统内，在这个有效大系统内按照系统的方法进行巨项目组织集成化管理；另一方面，尝试运用非系统的方法（如合作博弈理论）开展巨项目组织联盟的合作协调机制研究。

2.7 本章小结

本章旨在对国内外有关工程项目管理、大型工程项目管理、项目管理模式、项目管理组织协调机制、大型工程项目组织管理等内容进行全面综合的文献回顾和总结。首先运用文献计量法分析了项目管理领域的研究热点和研究趋势（2001—2016 年），揭示了项目管理近十多年来的总体研究进展及其研究规律。进而分别从工程项目成本、进度及质量管理、工程项目风险管理、基于信息技术的工程项目管理、基于环境友好的工程项目管理、工程项目集成管理、工程项目绩效评价分析了工程项目管理的理论与方法演进，在此基础上，就项目管理组织协调机制、基于复杂系统理论的大型工程建设管理、大型工程组织管理进行专题性文献综述。最后，对文献综述进行总体评价，并得出相关文献研究启示。

3 理论基础分析

关于巨项目组织联盟合作协调的理论诠释，本书在阐述巨项目组织的特征的基础上，分别从动态联盟理论、博弈论、机制设计理论等视角予以理论阐释，以期为全书研究奠定理论基础和提供正确的研究方向。

3.1 巨项目组织的特征

巨项目组织对于实现巨项目的成功至关重要，巨项目组织与一般组织存在较大的特征区别。大致上，巨项目组织的主要特征体现为以下十个层面。

3.1.1 巨项目组织的非线性

巨项目组织带有较强的非线性特征，主要体现为三个方面：巨项目组织的多解性、非线性叠加性、多因多果性。

一是，巨项目组织的多解性。传统的项目组织（如直线式组织、职能式组织、矩阵式组织、项目式组织）结构的信息传输、资源分配、分工合作等问题的求解方法大多为线性方程式的求解，其解法一般仅有一种；而对于巨项目组织的资源优化与合作协调等问题的求解方法则存在多种。例如，在本书第六章将提到的用于求解巨项目组织合作博弈问题的三种解法，包括核心法、夏普利（Shapley）值法、核仁法。

二是，非线性叠加性。巨项目组织的输入系统和输出系统不是简单的线性比例关系，也不能简单地将巨项目组织中各个子系统的效用叠加求和，且不符合线性叠加的工作属性。巨项目各个参与主体的合作利益效用也不是利益效用函数的简单相加，而是更为复杂微妙，在很多情形下需要各个利益主体之间的合作协调产生聚变。在各参与主体之间的合作协调中，假定每个参与主体的效用都为 1，那么十个参与主体的合作效用有时比 10 大得多，而有时甚至比 1 小。这就充分说明了巨项目组织的效益贡献分配不是简单的线性叠加关系，而是非线性的叠加过程。

三是，多因多果性。与一般组织中的一因一果规律不同，巨项目组织不遵循单因单果的规律。在许多情形下，由于巨项目组织要素及其相互联系的多样性，以及巨项目组织与环境处在实时交互过程中，从而使得巨项目组织的预期结果不能够按照传统意义上的反馈过程中的联系方法（根据采取的行动和提供的某几个输入要素进而输出预期的结果）来进行管理规划。更为重要的是，影响巨项目组织结构的内在组织因素（例如：组织结构层次、集权分权程度、人员素质能力、信息传递）的变动对巨项目组织整体效益影响的变动可以表现为多种结果。例如，信息传递快捷但不易沟通、组织集权程度高但授权关系不好、变化反应快但决策成本较高。此外，影响巨项目组织的外在因素也层出不穷，例如：项目所在地的工程地质、水文、气象、政治局势、传统文化、风俗习惯、经济社会，这些因素对巨项目组织的整体影响，致使难以通过一般的一因一果的因果分析方法来刻画巨项目组织的演化规律。

3.1.2 巨项目组织的开放性

对传统项目组织结构开放性的认识大多仅仅局限于项目组织与外界环境的沟通，这种认识的思维较为单一。然而，对于巨项目组织而言，其开放性不仅包括项目组织与外界环境的相匹配，而且还表现为巨项目组织之间的自适应、巨项目组织对外界环境的自适应，以及巨项目组织信息的开放性交流。

巨项目组织之间的自适应是指巨项目组织系统内部合作伙伴的自然选择、磨合预演、优胜劣汰、自我复制和巩固成型。由于巨项目存在群体目标的排他性、目标的冲突性和群体之中个人行动的不一致性，因而巨项目中的沟通管理、协调管理显得至关重要。对于巨项目有效大系统中的每一个组织而言，其他有效大系统组织构成了外部环境的一部分，因此每个巨项目有效大系统组织还需要与其他大系统组织相匹配、相协调，并通过磨合预演达到巨项目组织之间的自适应。

巨项目组织对外界环境的自适应是指通过巨项目有效大系统组织通过对外界的要求和环境的自适应性形成组织中人的主动适应性，使得人与人、人与环境之间发生互动作用、进而实现彼此变化、彼此适应。

巨项目组织信息的开放性交流，是指巨项目组织结构应该提供开放的信息交流渠道，鼓励并推动信息在巨项目组织成员之间的自由流动以形成知识。由于组织之间及其内部复杂专业化的分工给巨项目组织的信息流动设置了许多屏障，致使信息得不到开放性交流或延迟到达，因而这就对巨项目组织的信息开放性提出了更高的要求。巨项目组织的信息开放性交流意味着组织的控制功能降低、协调功能增强，而巨项目组织的核心工作就在于合作协调。因而，巨项目的信息开放性交流有利于巨项目组织的高效合作协调。

3.1.3 巨项目组织的多元利益主体一体化

由于巨项目在经济、社会和环境三个层面的影响非常深远，在任何一方面都不能偏废。巨项目涉及的利益主体十分众多，不仅包括建设单位、设计单位、承包商、材料供应商、设备制造商、专业分包商、研究试验机构、运营管理单位，还包括地方政府（发改、建设、环保等批准部门），财政、银行、保险等金融机构，以及社会公众、人民团体、新闻媒体、公益服务等干系人，从而使得巨项目整个组织体中的各个组成要素有着不同的利益目标及利益诉求。为此，巨项目组织存在目标多元化和目标统一性的矛盾。而有效解决这一矛盾的思路在于通过协调参与方目标与巨项目目标保持一致，将多元建设主体“一体化”于组织结构之中，以实现多利益主体的一体化，以保持巨项目组织运作的整体性。鉴于巨项目组织系统的构成要素为多元化的利益主体，基于要素与系统之间有关性质和功能的分析，为提高巨项目组织运作水平，并催生和强化巨项目组织要素（多元利益主体）新的性质和功能，就必须将多元利益主体一体化，这也正好契合了巨项目有效大系统组织与独立要素组织组建集成化动态联盟的思想。

3.1.4 巨项目组织的非确定性

巨项目组织的非确定性特征主要表现为，许多组织成员随项目任务的承接和完成，以及随项目的实施过程而进入或退出巨项目组织，或改变承担的角色，而且表现为在巨项目生命周期的不同阶段采取不同的结构形态。简言之，巨项目组织的结构形态及其功能特征在不同的建设时序不是恒定，这一规律可以通过以下函数加以表征：

$$\begin{aligned} f(t=t_1) &= f(x_1,x_2,\cdots,x_n) \\ f(t=t_1+\Delta t) &= f'(x_1,x_2,\cdots,x_n) \end{aligned} \tag{3.1}$$

式中：$f(x_1,x_2,\cdots,x_n)$表示当$t=t_1$时刻时所对应的巨项目组织结构形态变量函数；$f'(x_1,x_2,\cdots,x_n)$表示当$t=t_1+\Delta t$时刻时所对应的巨项目组织结构形态变量函数。

此外，巨项目管理涉及的风险因素多、风险等级高导致巨项目组织体现为非确定性特征。例如，三峡工程中涉及的众多参与主体、众多不确定环境因素、众多界面节点，使得巨项目组织管理的输入和输出系统不再表现为传统意义上的确定式决策，即难以求出一个确切的最优可行解，而只能求出一个实现组织整体目标的满意最优解或合理最优解。

3.1.5 巨项目组织的活力

巨项目组织管理的复杂性和非确定性都将给整个组织带来非常大的压力，为此巨项目需要构建充满活力的组织。只有充满活力的组织结构才能给予项目成员持续更新的动力，才能有力量与项目组织成员之间进行沟通交流、才能有益于巨项目的持续推进。概括而言，组织活力对巨项目尤为重要，巨项目组织的活力主要源自于四个方面：创新意识、合作精神、激励措施、与外界交流能力。具体而言，巨项目组织的活力特征体现在。

一是，由于巨项目大量采用新技术、新方法、新材料，因而使得组织成员需要具有创新意识。相关研究表明，鼓励创新、自主决策、强调协作性的组织更具有创新性，同时较弱的组织正式化更容易促进组织成员加强沟通交流，并创造新的管理方法和知识。

二是，对于巨项目组织而言，合作精神是巨项目组织成员和合作伙伴和谐共存的前提。整个巨项目组织是一个大的团体，只有合作团结才会产生凝聚力。合作精神主要包括合作意识、合作趋向和合作条件。

三是，巨项目组织需要根据合作伙伴的知识共享和创新情况，采取有效的激励措施，并统筹激励方式和激励效果。

四是，巨项目组织需要增强其与外界的交流能力，并针对外界环境的变化做出及时快速的反应以保持对外部环境的敏感性。

3.1.6 巨项目组织的梯级协调管理

协调是巨项目组织管理的核心。巨项目组织的协调管理难度大，并且表现为梯级协调管理的特征，基于巨项目组织是有效大系统组织和独立要素组织的集合体，本书认为巨项目组织的梯级协调管理主要包括高层协调管理、跨组织与跨边界协调、实施操作的协调三个层面。巨项目这三个层面的协调管理呈现出自上而下的梯级关系，上层协调是下层协调的总体目标，下层协调是上层协调的具体保障。具体而言，巨项目组织的梯级协调管理的内涵为。

其一，较之于一般项目组织的协调，巨项目组织的协调难度不仅体现在操作实施层面的协调难度，而且更为复杂的是，巨项目组织的高层协调难度大（例如，在三峡工程中，国务院三峡工程建设委员会与重庆市、湖北省的利益协调）。而巨项目组织的高层协调是一般项目组织所不具备的，这种高层协调关系更多的时候体现为有效大系统组织与独立要素组织的合作协调。

其二，巨项目跨组织与跨边界的协调体现了巨项目有效大系统不仅可以整合大系统内部各个参与机构的专业优势力量，达到资源“集百家之长”、“汇万家之智慧”，而且还可以打破传统意义上的行政边界和地域边界进行资源调度与优势整合，从而使得巨项目组织的协调边界变得更为动态敏捷。

其三，巨项目实施中操作层面的协调比一般项目大。巨项目组织中的参与主体众多，可能有成百上千个，而且各参与方在地理分布上一般是分散的，可能是跨省市、跨国家的。例如，三峡工程截止到 2001 年 6 月底就已经签订各类工程合同 5 000 多份；小浪底工程有三个大型国际联营体承担三个大型土建标，参加该工程建设的人员来自全球 50 多个国家。巨项目涉及数量众多的投资主体、管理主体和利益主体，巨项目的组织结构特征体现为参与主体层次多、参建主体协调难度大，以致巨项目的组织结构变得异常庞大和复杂。能否运用梯级协调管理的思想管理好巨项目的组织结构将成为顺利实现巨项目建设目标的关键要素。

3.1.7　巨项目组织的有效系统性

巨项目组织的有效系统性特征主要表现在：一方面，巨项目组织属于有效大系统组织和独立要素组织的集合体，需要由许多核心团队实行协同管理，因而巨项目组织涉及的各个层面构成了一个有机联系的整体，且主导巨项目整体运作的关键部分和开展合作协调工作的主体机构自始至终是有效大系统组织；另一方面，巨项目的实施是一个大系统工程：如我国的神州载人航天工程、“南水北调”工程，西部大开发等工程，在这些大系统工程的顺利推进中，时刻要有坚持抓住关键要素、关键工程、关键任务、关键资源、关键技术等重点攻坚的思维，针对组织间的多条战线并举，相互交叉的局面，进行周密的系统组织、系统规划、科学决策、统一指挥、动态调度，而抓住关键要素的管理思维理念正好与巨项目组织的有效系统性特征不谋而合。

从更高层次来看巨项目实施的组织系统，由三个组织层次构成：第一组织层次为巨项目组织的实施环境，第二组织层次为巨项目有效大系统组织，第三组织层次为巨项目有效大系统组织的内部组织。在三个组织层次中，确保巨项目成功运作的关键层次为第二层次，即有效大系统组织。就广义而言，巨项目是在宏观层面上由有效大系统组织在主导各子工程任务，并对各子系统的资源、技术等要素实施有效的统筹协调和协同管理，且在巨项目实施的各个阶段，都存在一些永久性核心组织，例如，三峡工程的永久性核心组织为国务院三峡工程建设委员会，南水北调工程的永久性核心组织为国务院南水北调工程建设委员会，青藏铁路工程的永久性核心组织为青藏铁路建设总公司。事实上，三峡工程等巨项目的正常运行在很大程度上是要依靠永久性核心组织（在本书中实质上就是有效大系统组织）进行统筹决策和科学安排。就狭义而言，巨项目组织在不同的工作阶段，具有不同的阶段目标和阶段任务，且各阶段所对应的组织数量、结构关系不尽相同，但巨项目组织的核心部门和核心主体却始终存在，其功能和性质恒定不变，且紧紧抓住巨项目运行的关键工程（例如三峡工程有效大系统组织——国务院三峡工程建设委员会的关键工程始终是大坝电站工程和移民工程）,这也就充分说明巨项目有效大系统组织存在有效系统性。

3.1.8 巨项目组织的静态特征、动态特征和网络特征

巨项目组织系统表现为静态特征、动态特征和网络特征。巨项目组织的静态系统，是指巨项目组织的静态构成系统，可以分成决策系统、实施系统、外部系统、内部系统等。巨项目组织的静态构成系统相对稳定，通常不会随社会环境、自然条件、经济资源等因素的变化而随之变化。巨项目组织的动态系统，是指巨项目的实施过程系统，可以分成规划系统、实施系统、控制系统、参与系统、辅助系统等。在巨项目运行过程中，由于巨项目所处在的社会大系统时刻处于动态变化之中，例如：全球经济形势、国家与地方政府各种政策的变化、项目所在地的资源条件和气候、地质因素，以及巨项目组织的价值观和世界观等因素都会对巨项目组织产生不容忽视的影响。随着巨项目工作任务的调整和工程重心的转移，相应地在各阶段会有一些不同的独立要素组织参与进来或者退出巨项目组织系统，原有独立要素组织也会根据巨项目组织系统不同阶段的需要做出工作角色的转换。且巨项目组织系统的核心组成——有效大系统组织在各阶段的组织规模和组织形态也会自动根据建设条件、建设资源进行自适应性地调整。巨项目组织系统的网络特征是指巨项目组织系统内部各个子系统之间，因技术转移、信息流、资金流和物质流所构成的相互作用、相互依赖的共生关系。这一共生关系实质上就形成了犹如网络型的资源共享和协同配合的关系。巨项目组织网络型的特征可以使得巨项目组织的沟通能力增强、组织结构趋于扁平化、灵活性好、项目资源

利用效率高，并有利于对巨项目组织活动的各种要素、各个环节、各个方面加以衔接和组合、排除障碍、使其达到和谐统一的状态。

3.1.9 巨项目组织的政府主导特征

巨项目往往是对一个区域甚至一个国家的国民经济和社会发展产生战略影响的特大型项目。与一般项目的经济目标或公共需求目标不同，巨项目的目标是非常广泛与深刻的。因此，巨项目组织必须由政府主导，倘若没有国家和政府的强力推动，巨项目的顺利实施就难以保障，尤其是对巨项目组织系统内外的各个涉利机构的合作协调问题，则必须由政府主导加以解决，离开政府主导，很多关键性的工作就没办法开展。例如，移民工作、环境污染防治工作必须由代表最广大人民根本利益的国家政府（某些时候为区域政府）主导。因此，在进行巨项目有效大系统组织的结构设计时，必须考虑政府的角色定位，必须将相关政府职能部门纳入到有效大系统组织中。

为了推动三峡工程实施，在组织机构设置上，1993 年国务院成立了三峡工程建设委员会，由国务院总理担任委员会主任，有关部委和省市领导担任委员，作为三峡工程巨项目组织的最高决策机构，负责三峡工程建设中的重大决策问题，具有政府职能并体现国家意志。三峡工程建设委员会是巨项目组织以政府为主导的具体体现，是协调各方关系、确保三峡工程顺利实施的组织保障。为推进南水北调工程，2003 年 12 月 28 日，国务院南水北调工程建设委员会办公室正式挂牌，开始履行其政府职能，并统筹南水北调工程建设的各项工作。可见，无论是三峡工程还是南水北调工程，其有效大系统组织都是在国务院的直接领导下,在各部门和省市的密切配合下开展各项工作。

巨项目实施不仅是一个技术整合和造物过程，更是一个涉及移民、环境、国防、公共安全等诸多因素的综合协调过程。巨项目的实施有发挥市场机制配置资源的一面，更能体现国家意志的强制性特征。巨项目组织的目标往往需要通过国家的意志来有效协调巨项目参与各方利益和相关方之间的关系，才能确保巨项目的成功。巨项目组织一旦离开了政府主导，则无法确保利益相关者的利益有效平衡，难以保证巨项目组织联盟达到高效的合作协调。

3.1.10 巨项目组织的智慧极大综合特征

巨项目组织的智慧极大综合特征是指巨项目有效大系统组织需要极大化整合项目各个参与主体的核心能力和各个合作伙伴的群体智慧，并在巨项目决策时运用智慧综合集成的理念，达到群策群力、充分考虑各方的利益诉求，从而实现巨项目组织各个参与主体的资源共享和优势互补。例如，巨项目组织中起到决策作用的专家体系不仅要由项目业主、建筑结构专家、施工技术专家、项目经理、造价专家、物业管理专家和最终用户组成，还应由风险管理专家、环保专家、安全专家以及相关主管部门代表、社会公众群体代表等参与，最大限度地综合巨项组织目参与各方的智慧。由于巨项目建设程序具有动态变化的特点，因此专家体系的成员构成亦表现为渐变演化的趋势，需要在实施环节中动态调整。专家体系在运作中要充分发扬民主，畅所欲言，共同分析、讨论。基于巨项目组织的智慧极大综合的理念，对于巨项目组织管理中的关键问题的解决方式，可以尝试由巨项目组织联盟的盟主（通常是政府机构）初步提出项目预期目标后，组建群体研讨平台，选出合适的会议主持人，广泛收集与巨项目有效大系统组织建设相关的各方面数据、信息和知识，并组织各个独立主体的专家在同一时间参与到研讨平台中进行系统综合和智慧集成。同时，秉承平等、民主原则，广泛探讨交流，提出经验性假设，明确各方可接受的、合理的项目目标集合，并针对在多约束条件下实现该目标集所需突破的障碍，提出一系列定性的初步解决方案。总之，巨项目组织的智慧极大综合理念是破解巨项目重大问题决策的重要思路。

3.2 动态联盟理论

3.2.1 动态联盟的内涵

动态联盟最早出现在美国 1991 年提出的《21 世纪制造业发展战略报告》中，其产生背景是科学技术的进步，特别是信息技术的发展，全球政治、经济、社会环境的巨大变化，企业之间日益激烈的竞争，以及顾客越来越多样化的需求导致了产品的不确定性大大增加，从而要求企业具有很强的市场应变能力。动态联盟又称为虚拟企业（Virtual Enterprise）、虚拟组织（Virtual Organization）、网络组织（Network of Enterprise）。关于动态联盟的概念，Roger N.（1991）[191]认为动态联盟是一个以产品创新为宗旨的，由市场机遇驱动的、集成适当资源所组成的工作小组。林鸣、马士华（2003）[192]认为动态联盟是两个或两个以上的企业或者特定事业部门和职能部门，为实现某种共同的目标,通过公司协议或联合组织等方式而结成的一种网络式的联合体。是那些欲结盟的企业在自愿互利的原则下，出于降低交易费用，减少不确定性，实现优势互补等目的，以契约方式结合起来的提高市场竞争力的合作模式。概括现有学者的不同观点，本书认为动态联盟是一种建立在共同目标、要求各成员相互信任、形成有效沟通、拥有共同信息平台的组织形式。动态联盟的联盟关系并不是恒定不变的，而是动态的。实现联盟的各个企业凭借契约结合在一起，当外部环境发生改变时，又可以通过解除契约的方式解散联盟，各企业仍可以以独立的法人身份寻找其他联盟伙伴，并签订新的企业契约。动态联盟强调建立一种既有竞争又有合作的“双赢（win-win）”的新型关系。尽管联盟成员企业的目标可能不尽相同，但事实上，只要合作成功，联盟给成员企业带来的收益就可以大于其不结盟的收益（王慧娟、何建敏，2004）[193]。

动态联盟作为一种能够提高企业竞争能力的全新组织模式，具有以下特点。

一是，组织构成的动态性。动态联盟是一种为把握市场机遇而临时组成的具有企业功能的组织形式，它不同于以资产为纽带构建的企业，后者具有相对稳定的组织结构。动态联盟是一种临时性组织，随市场机遇的变化而调整，随市场机遇的消逝而解散。动态联盟没有固定的组织结构和众多的组织层次。动态联盟抛弃了传统的金字塔式多级递阶、静态不变的组织结构，取而代之以扁平式分散合作、动态灵活的组织形式。因而，动态联盟可根据目标和环境的变化，动态地调整组织结构，保证其敏捷性（张曙，1998）[194]。

二是，地理位置的分布性。由于一个企业不可能达到拥有市场机遇要求的所有资源，故动态联盟的成员来自具有相对资源优势的不同企业或部门。

这些成员可能位于不同的地区，甚至是来自不同的国家。动态联盟在地理位置上呈现出明显的分布式特点。

三是，市场机遇的快速响应性。动态联盟能够快速聚集实现市场机遇所需的所有资源，从而把握该市场机遇。这种快速应变性使得动态联盟不仅能够适应可以预见的市场变化，也可以适应未来不可预知的市场环境（郑文军，2002）[195]。

四是，结构的可重构性。动态联盟的成员可根据实际需要自动进入或者退出联盟，也可以同时参与多个项目而成为动态联盟的成员。动态联盟的每个成员都应该是一个可重构企业，也就是说可以灵活地重构自身资源、以适应不同的组织联盟。

五是，资源互补性。动态联盟可将具有不同优势的企业结合在一起，充分发挥集群效应，使开发的产品具有一流的功能和质量。并通过资源互补和资源整合，产生强大的协同竞争优势。

六是，对信息技术的高度依赖性。动态联盟的各成员要在短时间内共同完成项目，相互之间必然存在大量的信息交互与业务沟通，倘若缺乏强大的信息技术支撑则很难实现动态联盟的工作目标。因此，动态联盟对成员企业的信息基础设施水平具有高度的依赖性（张劲文，2006）[196]。

3.2.2 巨项目组织联盟合作协调：基于动态联盟的理论诠释

欧盟委员会（European Commission）所资助的大型科研项目 *European Large Scale Engineering Wide Integration Support Effort* 报告中认为：动态联盟是未来最适合于大型工程建设的组织形式。基于前述动态联盟理论，并结合巨项目组织的特征，对巨项目组织管理加以理论诠释，具体诠释有以下三点：

一是，国际先进项目管理模式与动态联盟特性具有高度的契合性。当前，国际项目管理模式正朝着建立企业的核心竞争力、构建新型合作伙伴关系的方向演进。在项目实施过程中，项目参与方尝试建立一种高度信任的关系（如 Partnering 模式），在这种关系下，为取得共同的长远利益，要求项目参与方克服短期行为。据此可知，国际先进的项目管理模式的演变趋势与动态联盟的特质具有高度的契合性，这正好为巨项目组织联盟的构建及其合作协调提供了有益的运作思路和操作模式。

二是，巨项目的特征决定了巨项目采用动态联盟组织模式的必要性。巨项目具有地域分布广、技术复杂、资金密集、建设周期长等特征。这就使得巨项目在建设管理过程中要能够有效解决各种外部环境的不确定性、资源负荷的不均衡性、技术的密集性、多专业优势的整合性等问题。而动态联盟模式能够有效解决这些现实性的问题，且目前在项目法人责任制下的大中型建设项目的总包、分包模式就可以视为一种初级地运用动态联盟思想的组织联盟管理模式。因此，采用动态联盟组织模式，对于巨项目组织联盟的合作协调具有十分重要的现实意义，也是巨项目管理运行模式创新的必要选择。

三是，动态联盟为巨项目组织联盟的合作协调提供有利的组织支撑。基于动态联盟的巨项目组织管理模式，各合作伙伴可以通过核心能力的优势互补达到“强强联合”，使得整个联盟体通过联盟体内部信息的实时性沟通、协调解决建设过程中出现的各种界面协调问题和技术资源瓶颈约束，从而优质高效地完成巨项目组织的整体目标。

综上所述，本书认为动态联盟（虚拟组织）将对传统项目管理模式产生巨大影响，未来其将逐步取代传统的项目管理模式，动态联盟亦将作为最适合超大型工程建设项目（巨项目）的组织形式。关于基于动态联盟（虚拟组织）理论的巨项目组织联盟集成化结构及合作伙伴选择评价，将在本书的第四章、第五章中予以重点阐述。

3.3 博弈论

3.3.1 博弈论基本理论

“博弈论”译自英文“Game Theory”。在人类历史上，很早就出现了蕴含博弈思想的故事，例如，中国的“田忌赛马”，这可能是博弈思想成功应用的最早案例。冯·诺依曼和摩根斯坦 1944 年出版的《博弈论和经济行为》被视为博弈论应用于经济学的起点，该书不仅正式创建了博弈论的一般理论，在总结以往成果的基础上提出了博弈论的一般框架、概念术语和表述方式，而且改变了博弈论主要由数学家研究的局面，推动了博弈论融入现代经济学体系。20世纪80年代，博弈论得到了前所未有的发展，1994年、1996年和2001年诺贝尔经济学奖三次都授予在博弈论和经济应用领域取得突出贡献的学者，使得博弈论成为世界范围内的研究热点，博弈论的理论框架和实践应用也逐渐趋于完善和成熟。如今，博弈论已经成为现代经济学、政治学（如选举）和社会学（如群体行为与规范）等各类学科研究中的基础性分析工具。

博弈论是研究决策主体在其行为发生直接相互作用时候的决策以及决策的均衡问题，即当一个主体（一个人或一个企业、一个团队）的选择受到决策主体的影响，并且反过来影响到其他人选择时的决策与均衡问题（张维迎，2002）[197]。博弈论研究的是各理性的博弈方（局中人）的对抗、竞争或在面对一种局面时的对策选择行为，以及局中人策略选择时的相互影响和他们之间的利益冲突与吻合关系。它试图将研究内容数学化、理论化，从而更确切地理解其中的逻辑关系，为清晰地描述与解决现实问题提供理论方法。“参与人的决策是理性的”，这是博弈论的一个隐含假设，该假设意味着决策者清楚地知道他的各种可以相互替代的选择，且对任何一个不可知情况进行预测时存在明显的偏好，此外，参与人将在对各种选择优化后谨慎地采取行动。关于博弈的构成要素，涂志勇（2009）[198]认为一个博弈（Game）是以数学语言对一个存在利益冲突和行为依存关系的故事进行规范化的描述。一个博弈可由四个基本要素构成：博弈参与者、博弈规则、博弈结局与博弈的效用。博弈参与者是指在一个博弈中能够将对手的行为纳入到自身行为选择过程中的主体，即策略（Strategic）主体。一般而言，决策论中的策略主体只有一个，即决策者，而在博弈论中，策略主体至少应有两个。博弈规则是对博弈具体如何进行所做的完整定义。博弈规则是建立博弈模型的核心，包括三个关键点：行为、时间与信息。博弈规则首先要给参与博弈者能够采取的所有行为划一个边界。时间则反映博弈参与者采取行动的次序，行动次序的不同对博弈结果有着重要影响。信息则是指在采取一个行动时对对手情况的了解程度。博弈结局是指在规则允许的所有行为进行完毕之后，最终结果如何。

各博弈参与者采取不同的行为会带来不同的博弈结局。博弈的效用则给出所有可能博弈结局之下，每个参与者的效用。这个效用由博弈各方的效用函数决定。博弈者总是依据最终结局的效用来选择行为。

博弈论模型可以分为三种类型：战略博弈、完美或不完全信息扩展博弈以及联合博弈。其中，前两种博弈通常称为“非合作博弈”，而后一种称为“合作博弈”。合作博弈与非合作博弈的区别在于：在合作博弈局势中，如果意愿表示（如协议、承诺、威胁等）具有完全的约束力且可强制执行，则该博弈为合作博弈；如果意愿表示不可强制执行，那么即便是局中人在博弈中可以相互交往，但也只能是非合作博弈。

3.3.2 巨项目组织联盟的形成：基于博弈论的理论诠释

从博弈论的视角来分析，巨项目组织联盟中各参与主体的博弈可以视为合作博弈。假定巨项目组织联盟中参与主体 A 与参与主体 B 之间存在资源关联性和优势互补性，则在巨项目的运行中，如果彼此之间真诚合作而达到共赢的目的，令参与主体 A 的效用为 u_1，参与主体 B 的效用为 u_2；假设参与主体 A 采用长期合作战略，而参与主体 B 出于短期利益考虑而采取非合作战略，则此时参与主体 A、B 的效用分别为 u_1'，u_2'；倘若参与主体 A 出于短期利益考虑采用非合作战略，而参与主体 B 采用长期合作战略，则此时参与主体 A、B 的效用分别为 u_1''，u_2''；倘若参与主体 A 和 B 均采用非合作战略，则参与主体 A、B 的效用分别为 u_1'''，u_2'''。令参与主体 A 采取长期合作战略的概率为 p_1，参与主体 B 采取长期合作战略的概率为 p_2，据此，可以构建一个合作博弈树模型，如图 3.1 所示。

基于由两个参与主体组成的巨项目组织联盟合作博弈树模型分析，可知参与主体 A 和 B 的效用关系，分别有：

对于参与主体 A，其效用对比关系为：$u_1'' \succ u_1 \succ u_1''' \succ u_1'$；

对于参与主体 B，其效用对比关系为：$u_2' \succ u_2 \succ u_2''' \succ u_2''$。

通过对参与主体 A、B 的效用对比分析可知，虽然当一方存在着非长期的战略不合作态势时，其短期收益会增加，但对方很快会对其不合作的态度

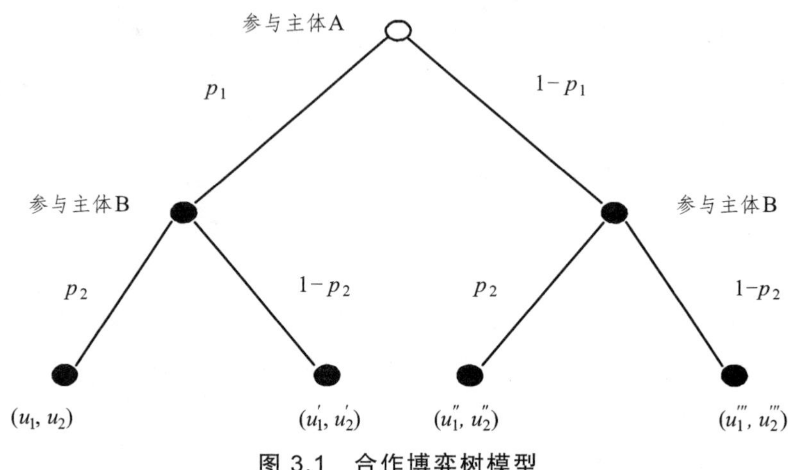

图 3.1 合作博弈树模型

有所反应，于是工程争议及索赔便会随之产生，从而促使不合作主体的成本增加，最终导致参与主体的整体效用降低。鉴于参与主体各方都能预测到这种短期收益的增加很可能会导致总效用的降低，因此各方才会有动力、积极地考虑建立组织联盟来实现成本的降低以获得更大的效用。有关基于博弈论的巨项目组织联盟形成及其合作协调机理，将在本书的第六章、第七章、第八章中予以详细阐述。

3.3.3 巨项目组织联盟利益博弈：基于博弈论的理论阐释

合理、公正的利益分配机制、协调机制不仅是组建巨项目组织联盟的关键要素，亦是确保巨项目高效运行的根本保证。当巨项目组织联盟中涉及利益分配的敏感问题时，参与联盟的主体之间将展开博弈。巨项目组织联盟的利益是否公平合理分配是巨项目组织联盟成立和解散的致命因素，联盟利益分配中的博弈行为亦将直接影响参盟主体的行为。鉴于博弈论是研究相关决策主体在冲突与合作中的策略选择理论，因此可以基于博弈论的视角来分析巨项目组织联盟的利益博弈。

各个结盟主体在巨项目组织联盟中都是一个独立的利益主体，可以从联盟层次来分析巨项目联盟中的利益相关者（即任何能够影响联盟组织目标实现或被该目标影响的结盟主体）。巨项目组织联盟的利益涉及两个层面：一是，联盟整体的利益；二是，联盟中的结盟主体也都有自己的利益诉求。在利益最大化的原则指导下，基于博弈论思想，可以分析出：一是，联盟整体必须研究市场中其他联盟的策略，并据此决定联盟策略；二是，联盟中的结盟主体也必须研究其他结盟主体的策略，据此选择适合自己的策略。前者是为了调整联盟策略，实现联盟的利益最大化。当在联盟整体利益既定的情形下，结盟主体的利益不仅取决于自己，而且还取决于其他主体。结盟主体之间的相互抉择构成了策略交织的互动网络。在巨项目联盟利益形成过程中，结盟主体为了获取自己的最大利益，先是各个结盟企业策略互动在一定定格形成整体利益，即各方策略一定的情况下联盟整体所能取得的利益，然后再在此基础上才有可能得到各自的利益。在巨项目组织联盟利益博弈中，结盟主体必须考虑与其他主体的相互作用，它获取的利益不仅取决于自己的决策，而且还取决于其他主体的决策。鉴于此，巨项目组织联盟的各个参与主体，在利益分配的冲突与合作中寻求自身的利益均衡点。为此，基于上述有关博弈论的理论阐释，本书试图基于博弈论中的合作博弈思想重点研究巨项目组织联盟的利益分配问题和利益协调机制，具体分析详见本书第七章、第八章的相关内容。

3.4 机制设计理论

机制设计理论是现代经济学的一个研究热门领域。简单而言，机制设计理论研究的问题就是对于任意给定的一个经济或者社会目标，在自由选择、自愿交换的分散化决策条件下，能够设计一个经济机制（即制定什么样的法律、法则、政策条令、资源配置等规章），以确保经济活动参与者的个体利益和设计者的预期目标相一致。机制设计理论可以视为是博弈论和社会选择理论的综合运用，换言之，如果假定人们按照博弈论所刻画的方式行为，并且设定按照社会选择理论对各种情形都有一个社会目标存在，则机制设计就是考虑构造特定的博弈形式，使得这个博弈的解就是那个社会目标（戴若琳，2009）[199]。

3.4.1 机制设计理论的理论演进

关于机制设计理论的思想渊源，可知追溯到 20 世纪 20—30 年代西方经济学爆发的一场非常著名的大论战。在这场被称为社会主义大论战的讨论中，米赛斯和哈耶克等自由主义经济学家认为，社会主义不可能获得维持经济有效运转的信息；而雷纳和兰格等学者作为论战的另一方认为，采用一种分散化的社会主义经济机制，通过边际成本定价的方式可以解决信息量要求过大的问题，以确保资源的有效配置。哈耶克等人对此提出了一个更加深入的问题：在企业拥有私人信息的情况下，政府如何保证企业真实显示其边际成本，如何激励企业完成生产任务并按照边际成本来定义。随着论战的逐渐深入，学者们思考的问题已经不再仅仅局限于最初争论的核心问题，而开始转向一个更加一般化的问题，即什么样的经济机制才是最好的。按照亚当·斯密的设想，市场这只“看不见的手”在理想情境中能够有效配置资源。但现实世界是不理想的，总存在各种各样的约束，以致市场作用不能充分发挥，即市场总是容易失灵。鉴于市场机制并不是完美无瑕的，有必要通过一定的机制来确保资源的有效配置，或者通过一种能够用更少的信息或更低的成本实现既定目标的机制来保证既定社会目标实现。通常认为，评价某种经济机制优劣的标准主要包括三个：资源的有效配置、信息的有效利用和激励相容。资源的有效配置通常采用帕累托最优标准，有效利用信息要求机制运行需要尽可能低的信息成本，激励相容要求个体理性与集体理性相一致。为了满足或者无限接近这三个要求，则应考虑经济机制设计的具体运行方式，这正是机制设计理论所要研究的具体内容。

关于机制设计理论的典型原创性成果主要有：赫尔维茨 1960 年的论文《资源配置过程中的信息效率和最优化》和 1972 年的论文《论信息分散系统》；马斯金于 1977 年提交给夏季巴黎经济学会，后于 1979 年发表在《经济研究评论》上的论文《纳什均衡与福利最优化》；迈尔森于 1981 年发表在《运筹学研究》上的论文《最优拍卖设计》。近几十年来，机制设计理论一直是现代经济学研究的核心主题之一，有众多经济学家在该领域做出了重要的研究贡献，代表性人物有赫维茨、里特尔、拉德纳、马斯金、梅耶森、格罗夫斯、莱德亚德等人。当前，机制设计理论的基本思想和框架已经深深地影响和改变了包括信息经济学、制度经济学、公共经济学和劳动经济学等在内的现代经济学的许多学科。

3.4.2 机制设计理论的主要内容

机制设计理论通常会涉及信息效率和激励相容两个层面的问题。信息效率（Information Efficiency）是关于经济机制实现既定社会目标所需要的信息量多少的问题，即机制运行的成本问题，它要求所设计的机制只需要较少的关于消费者、生产者和其他经济活动参与者的信息和较低的信息成本。任何一个经济机制的涉及和执行都需要信息传递,而信息传递是需要花费成本的,因而对于机制设计者而言，自然是信息空间的维数越小越好。激励相容（Incentive Compatibility）是赫尔维茨 1972 年提出的一个核心概念，他将其定义为：在所设计的机制下，如果报告自己的私人信息是参与者的占优策略均衡，各个参与者在追求个人利益的同时能够达到设计者所设定的目标，则这个机制就是激励相容的。

赫尔维茨一般性地证明了在个人经济环境中，在参与性约束条件下（即导致的配置符合个体理性），不存在一个有效的分散化的经济机制（包括市场竞争机制）能够导致帕累托最优，并使人们有动力去显示自己的真实信息，也就是真实显示偏好和资源的帕累托最优配置的机制，在很多时候就必须放弃占优均衡假设，这就决定了任何机制设计都不得不考虑激励问题。由此，激励相容成为机制设计理论，甚至是现代经济学的一个核心概念，也成为实际经济设计中一个无法回避的重要问题（范波，2010）[200]。

在研究初期,机制设计理论主要是集中在机制的信息量和信息成本方面,而未能考虑激励问题，马斯金（1972）提出的团队理论（Theory of Teams）在很大程度上填补了这一空白。此外,20 世纪 70 年代的显示原理(Revelation Principle）的形成和实施理论（Implementation Theory）的发展也进一步推动了机制设计理论的深化。显示原理大大简化了机制设计理论问题，在 Gibbard（1973）提出直接显示机制之后，迈尔森（1979）等将其拓展到更一般的贝叶斯纳什均衡（Bayesian Nash equilibrium）上，并开创了其在规制理论和拍卖理论等方面的研究（Mansfield et al，1977）。基于显示原理没有涉及多个均衡的问题，马斯金（1977）从中引申出了实施理论，目前该理论已经在包括社会选择、不完全契约等多个研究领域中发挥了重要作用。

机制设计理论主要采用博弈论方法，但机制设计理论与博弈论的研究思路截然相反。博弈论提供学者预测给定博弈的结果的方法，而机制设计则考虑相反问题，即给定想要的结果，如何设计一个博弈来实现它。设计机制的目标在于：在满足参与约束和激励相容约束条件下最大化委托人的期望效用函数，如博弈越复杂，要得到均衡机制就越困难。

3.4.3 机制设计理论对巨项目组织联盟合作协调的意义

目前，机制设计理论已经纳入到主流经济学的核心部分，并广泛运用于社会选择理论（Omori T.，2009；Guryan J.，2009）[201, 202]、拍卖理论（Anderson C. M. et al.，2006）[203]、货币政策（Woodford M.，2005）[204]、合谋及联盟（董志强，2005）[205]、建筑市场信用（罗伟、王孟钧，2008）[206]等领域的研究，对其他理论和实践起到了较大的促进作用。当前，为提高超大型工程项目的投资效率，促进巨项目组织实现协同管理与和谐管理，无疑需要建立健全促进巨项目组织联盟合作的机制和体制。机制设计理论有助于深入理解现有巨项目组织联盟利益分配制度的优缺点和在制度建设方面遇到的许多现实问题，有助于巨项目组织联盟把握联盟内各参与主体、各合作伙伴的个体理性与集体理性的和谐一致，从而达到巨项目组织联盟参与主体的交易成本降低、并实现资源的有效配置、信息的有效利用以及激励相容。综上所述，机制设计理论中所提供的新思维、新理论、新观点对于解决巨项目组织管理的合作协调问题具有重要的启发意义和参考借鉴作用。关于运用机制设计理论设计促进巨项目组织联盟的合作协调机制，将在本书的第八章予以详细阐述。

3.5 本章小结

本章在阐述巨项目组织特征的基础上,分别对管理学中的动态联盟理论、现代经济学的博弈论、现代经济学的机制设计理论等理论进行理论诠释，从而为本书研究奠定理论基础和提供正确的研究指南。

4　巨项目组织粘结理论与云组织结构形式

传统的组织理论较为强调分工和集权，其确立的项目结构形式大多为层层繁杂、等级森严的“金字塔”式。巨项目组织联盟的参与主体十分众多，而且在空间地域上分布也十分分散，倘若继续沿用传统的组织结构模式，势必导致项目组织规模庞大、管理层次较多、信息传递路径过长、组织协调难度过大、项目界面管理工作较大、项目管理效率较低等一系列问题。传统的组织结构模式已经远远不能满足巨项目管理的现实需要，为此，对巨项目组织进行结构优化设计，推行新型组织管理模式乃是确保巨项目目标实现的重要保障。

4.1　关键组织及关键组织链

4.1.1　关键组织及关键组织链的内涵

在巨项目建设周期的不同阶段，涉及大量具有相互协作、且相互之间的关联程度比较高的参与组织。在这些众多的组织中，存在一些起主导支撑作用，并像一台巨大的机器吞噬大量的资源、技术和资金的组织。基于二八定律的思想，巨项目所需要大约 80% 的资源、任务、资金是由大约 20% 的组织使用、实现和完成的。换言之，这大约 20% 的组织支配了巨项目的关键任务、关键资源和主要资金。在本书中把巨项目所有涉及的参与组织中 20% 的主导支撑组织，称为巨项目的关键组织。按照二八定律的思想，关键组织外的组织（非关键组织的集合体）尽管数量繁多、属性各异，但其吞噬的资源、发挥的作用、完成工作任务的重要程度，较之于巨项目的关键组织而言，其累计影响总量也仅仅为 20% 左右。

本书将关键组织的概念界定为在特定的建设阶段，占用巨项目资源最多、参与工作的难度最大、完成任务的重要性程度最大，且在多个组织中起主导作用，并由其协调联络其他非关键组织的组织。考虑到巨项目建设周期的动态性，巨项目关键组织亦随巨项目建设周期表现为动态、可变的特征。关键组织一般需要解决巨项目有效大系统的重点工作任务，并做好巨项目组织联盟的合作协调工作。关键组织从静态角度看，需要将多个一般性组织粘结在一起并起到支撑作用。这种组织之间的粘结机理有点类似于工程建设项目中工作任务的合并，且可以将巨项目各个子系统视为若干个组织平面，在这若干个平面的互动配合过程中，其中能够发挥支撑主导作用的平面就是关键组织。关键组织能够将一般性组织有效地粘结在一起，形成一个组织聚合体，这种静态角度下巨项目组织之间的粘结方式如图 4.1 所示。在图 4.1 中，组织 A、组织 B、组织 C 直到组织 n 中，倘若组织 A 起主导支撑作用（即吞噬资源最多、发挥作用最大、工作任务重要性程度最高），则称其为这若干个组织集合体中的关键组织。

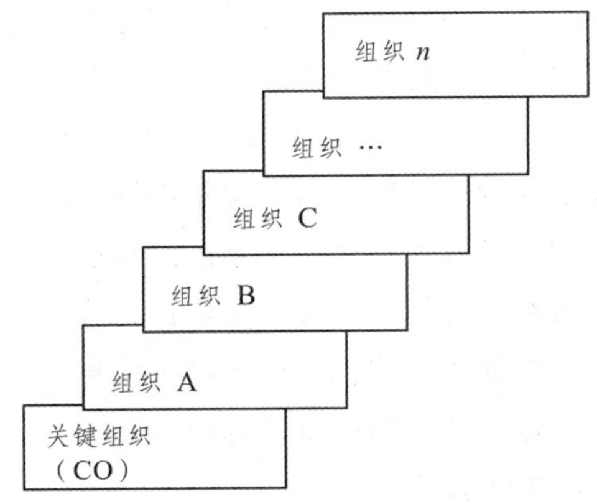

图 4.1 静态方式下巨项目组织的粘结方式

关键组织不仅是巨项目组织管理的重点，也是巨项目关键任务、关键工作、关键资源控制的重要主体。有关关键组织（Critical Organization，CO）的内涵可以用以下三个数学公式加以表述：

关键组织吞噬的资源 = max（组织 A 吞噬的资源，组织 B 吞噬的资源，组织 C 吞噬的资源，…，组织 n 吞噬的资源）

关键组织发挥的作用 = max（组织 A 发挥的作用，组织 B 发挥的作用，组织 C 发挥的作用，…，组织 n 发挥的作用）

关键组织完成工作任务的重要程度=max(组织 A 完成工作任务的重要程度、组织 B 完成工作的重要程度、组织 C 完成工作任务的重要程度，…，组织 n 完成工作任务的重要程度)。

以三峡工程为例，在工程移民搬迁与移民安置阶段，涉及三峡移民搬迁的省份有重庆市、湖北省，以及三峡移民接受的四川省、广东省、广西壮族自治区、山东省、江苏省、浙江省、江西省等省份。三峡工程有效大系统组织（国务院三峡工程建设委员会）管理的关键组织就是重庆市政府，即重庆市就构成移民搬迁阶段的关键组织，因为重庆市范围内涉及的移民工作量是所有省份中最多（重庆 16 个区县受淹，移民数量占整个库区移民的 85% 左右）、难度最大、且重要性程度最高。

同理，在巨项目组织的各个阶段，其关键组织亦是动态调整。为此，基于动态演化的观点，动态视角下巨项目的关键组织在不同阶段就表现为相互承接的逻辑关系。换言之，不同阶段的关键组织总会在时间轴上形成一条由各关键组织组成的组织链条，这些组织链条充分吞噬了巨项目 80% 左右的资源、完成了巨项目 80% 左右的任务，发挥了 80% 的重要影响程度。

因此，可以将在不同阶段的巨项目关键组织按照时间维度、逻辑维度、技术维度联结在一起构成具有严格逻辑关系的组织链条。本书将自始至终全部由关键组织组成的组织集合体称为关键组织链，或者关键组织链是指各阶段起到支配主导地位组织的集合体在时间维度上所形成的链条。巨项目这种由关键组织形成的关键组织链（Critical Organization Chain，COC），其相互之间的链接关系如图 4.2 所示。

在图 4.2 中，横轴表示巨项目的时间轴，纵轴表示巨项目的任务轴。图中的各个方框表示巨项目在第 t 期完成第 i 项任务所对应的组织，而图中带有阴影的方框表示巨项目在第 t 期所对应的关键组织（CO_t），例如在 t_1 期，巨项目的关键组织为组织 A；在 t_2 期，巨项目的关键组织为组织 B；其他照此类推。图 4.2 中将各个关键组织在不同阶段上链接而成的关键组织链（COC）为：组织 A—组织 B—组织 C—组织 D—组织 D。值得注意在是，t_4

与 t_5 期所对应的关键组织均是组织 D，这点在工程实践中，是可能的，也是较为现实的，这是因为有些关键组织在相对较长的时间内可能会连续起到主导支撑作用。例如三峡工程有效大系统组织（国务院三峡工程建设委员会）下面的中国长江三峡集团公司在围堰工程、大坝浇筑、电力机组安装等阶段一直处于关键组织的角色地位。

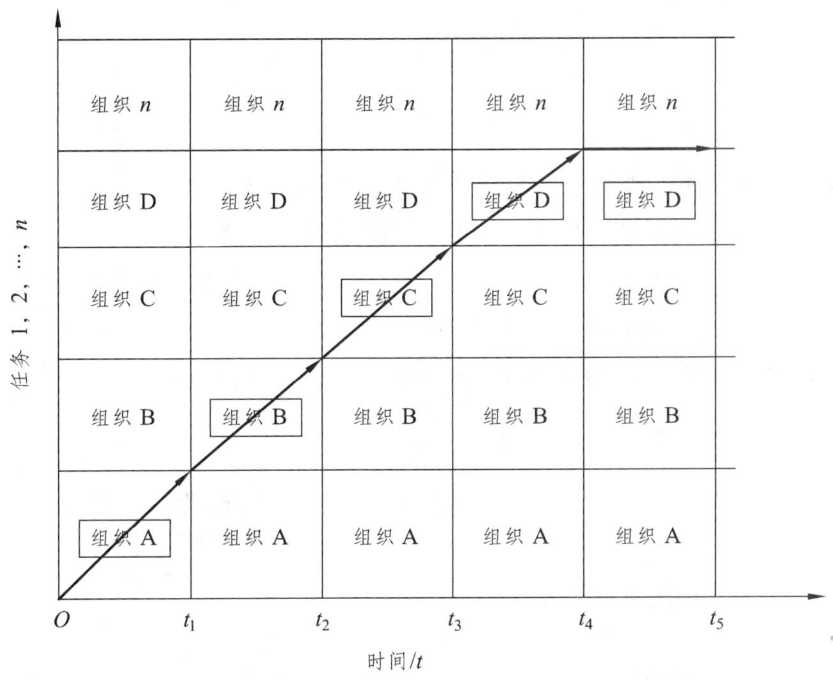

图 4.2　巨项目关键组织链相互之间的链接关系

说明：图中的方框内表示各阶段关键组织，不带方框的组织则表示非关键组织。

需要说明的是，各个组织对应的工作任务可以按照巨项目组织有效分工协作的思想，应尽可能做到分工不同，或者可基于工作任务属性相同、工作任务关联度高的多个具有较高相似度的任务合并成一项任务，这种合并粘结的前提是基于组织任务之间具有较高的相似度。关于任务之间的相似度，本书将其界定为任务与任务之间在任务技术标准、任务延续的时间跨度、任务完成的难易程度、任务参与工种等层面内容的贴近度或者隶属函数值。巨项目组织任务相似度的分析过程可以采用以下方式进行：

设已知 n 个典型任务，记为：T_1，T_2，…，T_i，…，T_n（$i=1$，2，…，n）；用 F 表示典型任务集合，该集合用以概括描述任务的特征属性，可取

$$F=\{技术标准，时间跨度，难易程度，参与工种，……\}$$

设典型任务的特征属性有 m 个特征元素，则可将 F 记为

$$F=\{F_1,\ F_2,\ \cdots,\ F_j,\ \cdots,\ F_m\}.$$

则第 i 个典型任务的模糊子集集合用查德（Zedeh）记号记为

$$F_i = F_{i1}/F_1 + F_{i2}/F_2 + \cdots + F_{ij}/F_j$$

式中：F_i——第 i 个典型任务对于集合 F 的模糊子集；

F_j——影响巨项目组织任务特征属性的第 j 个特征元素；

F_{ij}——已知第 i 个典型任务影响巨项目组织的第 j 个特征元素所对应的隶属函数值（隶属度）。

这样，巨项目组织对应的任务特征的模糊子集可以记为

$$F_0^* = F_1^*/F_1 + F_2^*/F_2 + \cdots + F_j^*/F_j$$

式中：F_j^*——待测任务第 j 个特征元素所对应的隶属函数值（隶属度）。

4.1.2 关键组织的有效划分标准

尽管关键组织是巨项目组织管理的重点控制组织，但要通过有效的划分标准来界定巨项目的关键组织却显得十分棘手。基于“抓住关键的少数，忽略次要的多数”这一理念，本书认为巨项目关键组织的构成，应当是通过对关键部门进行合理的部门分区、对关键人员进行有效的功能分区、对所完成的工作任务进行科学的任务分区，进而抓住影响巨项目实施目标的关键要素，从而作为划分关键组织的有效与非有效的判定标准。

例如，三峡工程关键组织的有效划分标准可以设定为长江沿线流域的关键组织（或者说与三峡库区流域水资源利用有关的组织），这些与长江三峡流域有关的组织机构（如重庆市库区段的各区县政府、湖北省宜昌市等）不管在工程移民拆迁阶段，还是在大坝修建阶段，都是作为巨项目管理的关键组

织，至于三峡工程在大坝修建阶段可能会涉及的一些在重庆、湖北之外的设计研发机构则不能视为巨项目的有效关键组织。这是因为，尽管三峡工程是举全国之力，需要调动全国各地的资源、技术和资金，但站在三峡工程的最高决策主体（国务院三峡工程建设委员会）的立场而言，只要抓住了重庆市、湖北省宜昌市这两个地方组织和协调机构（国务院三峡建设委员会办公室），就抓住了管理对象的核心，就切中了巨项目组织管理的要害，就能够有效破解三峡工程计划、组织、实施和运营阶段的各种障碍和难点。具体而言，对于三峡移民拆迁的工作，三峡工程最高层次的决策机构（国务院三峡工程建设委员会）只需要将管理工作的重点放在重庆市，因为尽管四川、重庆、湖北等地都存在移民拆迁工作，以及涉及移民协作机构（民政部、财政部、国家发展改革委员会和三峡移民的接受省市）数量很多，但重庆市涉及的移民任务最艰巨、移民工作量最大。而对于三峡工程的大坝修建工作，尽管涉及中国长江三峡工程开发总公司、重庆市、湖北省、水利部、科技部、环境保护部、中国科学院、中国工程院等机构的协同参与，但国务院总理只需要将其管理的重点放在中国长江三峡工程开发总公司的总经理上，凡是有关大坝修建的工作由总经理对国务院总理直接负责，至于其他协同配合的主体则不纳入到国务院总理的有效管理范畴。根据有效工程任务的划分和关键组织的管理主体，关于三峡工程关键组织的有效管理框架如图 4.3 所示。

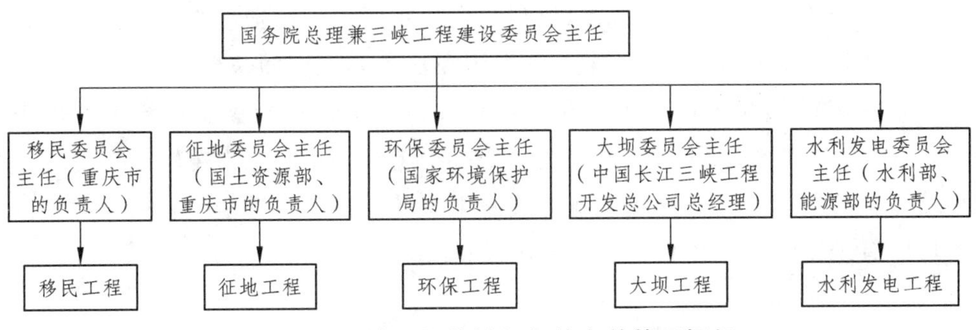

图 4.3　三峡工程关键组织的有效管理框架

从图 4.3 中，可以将三峡工程的关键任务划分为五项，主要包括移民工程、征地工程、环保工程、大坝工程、水利发电工程。相应地，基于任务分工与职能匹配的思想，每一个关键任务需要映射一个关键组织，因而三峡工程这一巨项目的关键组织可以归纳为主要的五个委员会(分别是移民委员会、征地委员会、环保委员会、大坝委员会、水利发电委员会)，这五个委员会基本上就能够全面把握巨项目有效大系统的关键工程和关键任务，从而充分发挥巨项目组织管理的有效性。

再如，青藏铁路作为国家“十五”四大标志性工程之一、西部大开发的重点工程之首，需要解决脆弱的生态、高原缺氧和多年冻土等技术难题。但青藏铁路工程的有效大系统组织（青藏铁路建设总公司）在对关键组织进行有效划分时，只需要将铁路沿线的地方组织纳入管理的重点，将铁路沿线的环保问题纳入工作的重心，从而有利于驾驭环保这一至关重要的难题。因为青藏铁路的环保问题始终作为巨项目工程目标实现的刚性约束问题，只要青藏铁路沿线的环境一旦受到破坏，则工程建设目标就无法实现。可以说环境保护工程是青藏铁路任务的关键任务，相应地，与环保问题相关的青藏铁路沿线的青海西藏两省区自然而然是青藏铁路工程组织管理的关键组织。

概括起来，巨项目关键组织的有效划分的思路就在于：一是，将工作任务属性相同的任务粘结在一起（判定任务属性相同的过程可以基于前述有关任务的相似度分析方法进行），并找出关键性、典型性的组织任务元素，并加以组织分类，划分主导组织与从属组织，进而尝试进行组织合并。二是，将巨项目关键组织的管理主体在组织层级、组织权力、组织资源等层面进行质变，每一个关键组织都要在组织权利和任务重要性程度把握方面起到宏观统筹和总体控制的作用,且每一个关键组织在任务属性层面映射一个关键任务，如三峡工程的移民委员会主任在巨项目关键任务层面上就全面统筹移民工程。三是，关键组织的粘结过程是一个基于组织关系和工作逻辑顺序的空间粘结。从而形成一个关键组织链。关键组织链基本上能够全面表征、刻度巨项目所有子系统、子项目、子任务的关键要素。

4.1.3 基于甘特图的巨项目关键组织链的逻辑表达方式

为了进一步反映在时间维度上完成各项工作任务所对应的关键组织，其在逻辑层面上的表达方式，本书采用甘特图，用水平维度反映巨项目不同阶段的工作时间进展（记为：t_1, t_2, t_3, …, t_n），竖向维度反映巨项目的各项工作任务（记为：任务 1、任务 2、任务 3、……、任务 m）。在此基础上，用粗实线（横道）表示各关键组织完成各项任务的延续时间长度。竖向箭线表示各关键组织在组织逻辑关系上的联系。具体而言，基于甘特图的巨项目关键组织链的逻辑表达方式过程可以如图 4.4 所示。

工作任务	巨项目生命周期					
	t_1	t_2	t_3	…	t_{n-1}	t_n
任务1	关键组织CO_1					
任务2		关键组织CO_2				
任务3			关键组织CO_3			
……					关键组织CO_4	
任务m				关键组织CO_m		

图 4.4　基于甘特图的巨项目关键组织链的逻辑表达方式

当第一期的关键组织（CO_1）完成当期工作任务后，可能会出现两种情形：第一种情形是，继续延续进行第二期的工作任务，继续担当关键组织的角色，则此时第二期的关键组织与第一期的关键组织为同一个组织，即 $CO_1 = CO_2$；第二种情形是，第一期的关键组织在结束任务后直接退出巨项目的组织联盟，而第二期的工作任务则由第二期的关键组织（CO_2）介入进来，则此时 $CO_1 \neq CO_2$，在这种情形下，如果第一期的关键组织（CO_1）与第二期的关键组织（CO_2）在时间维度上表现为相互承接的逻辑关系，则可将 CO_1 称为 CO_2 的紧前组织，CO_2 称为 CO_1 的紧后组织。为此，在第二种情形下，对于遵从严格意义上的无搭接时距的关键组织（如图 4.4 中的 CO_1 与 CO_2，CO_2 与 CO_3，CO_3 与 CO_4）的时间参数计算公式有：

$$ES(CO_j) = EF(CO_{j-1}) = ES(CO_{j-1}) + D(CO_{j-1});$$

$$LF(CO_j) = LS(CO_{j+1}) = LF(CO_{j+1}) - D(CO_{j+1}).$$

式中：ES——关键组织的最早开始时间；

EF——关键组织的最早结束时间；

LS——关键组织的最迟开始时间；

LF——关键组织的最迟结束时间；

D——关键组织对应的持续时间。

值得注意的是，巨项目建设任务的关键组织在时间维度上有可能出现并行穿插的情形，或者前一阶段的关键组织与后一阶段的关键组织可能会存在时间上的搭接关系，例如图 4.4 中的 CO_m 与 CO_j（$j = 1，2，3，4$）就存在时间的搭接关系，此时计算关键组织的时间参数需要考虑搭接时距的影响。

4.2 巨项目组织粘结的原理与方法

4.2.1 巨项目组织粘结的原理

巨项目组织粘结是指巨项目有效大系统内的各个组织在功能分区、任务分段、职能分块等方面，按照工作任务叠加、工作属性交叉、工作职能覆盖的思想，在组织架构层面进行组织与组织之间的重叠或粘结。这种基于多任务、多职能、多组织的粘结实质上是由在地理位置空间上处于分散状态、但工作任务属性具有较大重叠特征的实体组织粘合而成，从而形成多实体的聚合体组织。这种由多组织粘结而成的聚合体组织在巨项目有效大系统中就像一个单独的组织实体一样发挥其功能作用。虽然组成聚合体组织的内部各种实体组织的分布形态不尽相同，在聚合体组织发挥的作用也不尽一致，甚至各种利益也存在矛盾和冲突，粘结之前的各个组织内部也都有一套复杂的机制在维持各实体组织的运行。然而，通过“粘结”后的聚合体组织将在组织功能和任务属性层面上表现出统一的特征，能够像单一的实体组织一样具有统一的行动、统一的意图、统一的决策机制。

巨项目组织粘结的思想就在于深入厘定各个组织在巨项目有效大系统中所起的功能定位，并通过合适的粘结划分标准，将各个在功能、性质、职能上具有较大相近度的组织聚合粘结在一起，形成一个通过粘结而聚合的组织联盟（本书将各分散组织通过粘结而形成的组织体称为巨项目聚合体组织），其基本思想如图 4.5 所示。由于巨项目聚合体组织能够有效整合多个相似组织的资源、技术和优势，可以隐藏聚合体组织内部的具体构成，从而有利于把握巨项目组织管理的整体特性，有助于巨项目组织管理者抓住管理工作的重点主体，避免由于管理数量繁杂的组织主体而造成管理幅度增大、管理难度加大的情形出现，这种组织粘结的思想也正好契合了巨项目有效大系统组织管理“抓大放小、抓主放次”的思维理念。

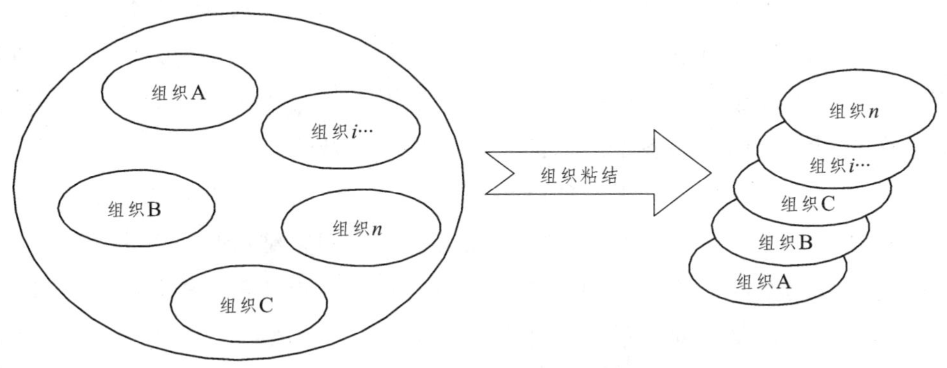

图 4.5　巨项目组织粘结的基本思想

以南水北调工程为例，通过对供水区域和需水区域两个层面进行粘结前的组织划分，凡是处于供水区域的所有组织则将其统一粘结为南方供水区聚合体组织，凡是处在需水区域的所有组织则将其统一粘结为北方需水区聚合体组织，南水北调工程有效大系统组织（国务院南水北调工程建设委员会）进行组织管理的重点就在于两大组织。南方供水区聚合体组织（可以成立南方沿线流域委员会对其加以管理)、北方需水区聚合体组织(可以成立北方沿线流域委员会对其加以管理)。处在有效大系统的南方供水区的聚合体组织,可以界定为在空间分布不一、功能上多态的调水局、泵站、湖泊、航道等实体通过功能粘结、任务粘结、职能粘结而形成,南方供水区聚合体组织的鲜明特征在于它是处在水资源调度的供应环节,能获取水资源调度利润,同时也需要承担由于水资源的流出而引发的各种问题。北方需水区聚合体组织也是由许多空间分布不一、功能上多态的用户、管理局和需水区的有关省市等实体组织粘结而成,北方需水区聚合体组织的鲜明特征就在于它是处在水资源调度的需求环节,因引入水资源而促进经济社会发展和人民生产生活发展,但同时也需要付出相应的水资源的价格。

4.2.2 巨项目组织粘结的方法

巨项目组织的粘结涉及对巨项目有效大系统的任务分区、职能优化、组织架构重组,并力图实现巨项目中关键部门、关键任务、关键人员的有效粘结,从而达到优化组织结构的排列组合、简化组织规模及其复杂性、提高组织管理的系统性和有效性。通常而言,对于巨项目组织的粘结方法,可以归纳为两种:平面粘结法和空间粘结法。所谓平面粘结法是指在同一个子系统的平面组织结构内,对各个组织的重要性程度系数进行排序,并累计求和,直至重要性程度系数累计求和的结果达到 80% 时,将参与求和的各个组织进行合并粘结,从而以此作为管理的重点组织。空间粘结法是在多个子系统平面搭建而成的空间组织结构中,按照组织的重要性程度系数进行排序,并累计求和,直到重要性程度系数累计求和的结果达到 80%,此时对参加求和的各个组织进行合并粘结,以此作为巨项目有效大系统组织管理的重点主体,而剩下未参加求和的各组织的重要性程度系数累计之和也仅仅为 20%,故在组织管理时不再将其纳入到管理的重点。

平面粘结法和空间粘结法最主要的区别在于:平面粘结法粘结的主体组织是基于同一个隶属子系统,由此再对各个组织进行合并粘结而形成关键组织。例如在三峡工程的移民工程子系统中,属于三峡库区重庆段的各区县(如万州、忠县、丰都、奉节、云阳、巫山等地）的移民工作都是基于重庆市移民局这一管理体制下展开的，就移民工作组织管理的隶属层面而言都是隶属于重庆市移民局。而空间粘结法粘结的主体组织是多个子系统的组织合并粘结而形成的关键组织。例如三峡工程的移民工程这一子系统下涉及重庆市、湖北省、山东省、江苏省、广东省、江西省等多个省市，以及国务院三峡建设委员会办公室移民安置规划司的移民搬迁及移民接收工作，就移民工作组织隶属管理层面而言，它们都是为独立的主体组织，且互不形成管理与被管理的约束关系。然而，不管是平面粘结法，还是空间粘结法，二者的思想都是基于二八定律，试图寻求组织管理中起到主导支撑地位的组织，并对这些主导支撑组织加以合并粘结而形成关键组织，进而将其作为巨项目有效大系统组织管理的重点组织元素。

（1）平面粘结法。

平面粘结法就是通过寻求处在同一个组织系统下众多参与组织中的主导支撑性组织（本书称为支柱组织），并通过一定的组织重构、叠加、排列组合规则对支柱组织加以合并粘结，从而形成关键组织（平面粘结法的基本思路如图 4.6 所示）。

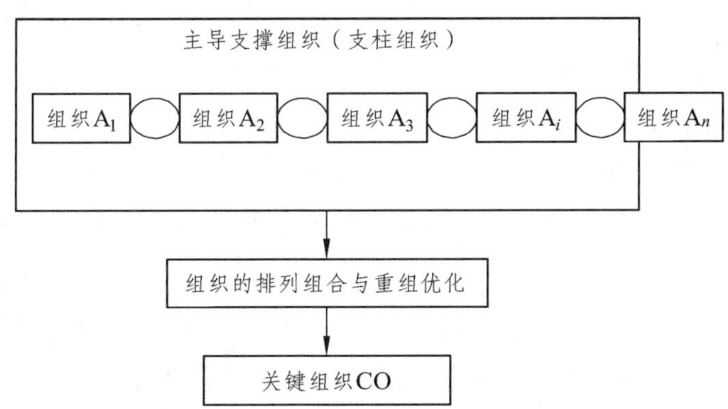

图 4.6 巨项目平面粘结法的基本思路

设巨项目有效大系统涉及 n 个组织（分别记为 A_1，A_2，A_3，…，A_i，…，A_n）的协同参与，组织 A_1，A_2，A_3，…，A_i，…，A_n 在功能定位、任务属性、组织职能上存在较大的贴近度（相似度），且这个 n 个组织同属于巨项目有效大系统管理下的同一个子系统内。因而处在同一子系统内的各个组织的结构形态和组织功能在一定程度上具有较大的相似性，将各个组织在巨项目有效大系统中所起的重要性程度系数（或者贡献度）记为 w_1，w_2，w_3，…，w_i，…，w_n，对组织的重要性程度系数按照由大到小的顺序进行排序，排序后的重要性程度系数记为 $w' = (w'_1, w'_2, w'_3, \cdots, w'_n)$，对应地，巨项目组织联盟中的组织向量记为 $A' = (A'_1, A'_2, A'_3, \cdots, A'_n)$。在此基础上，对各个组织的重要性程度系数进行累计求和，直到重要性程度系数求和累计约等于 80% 的临界点时（之所以考虑 80% 的临界点是基于二八定律的思想），将所对应的组织加以合并粘结形成关键组织，形成巨项目组织管理的重点主体。具体而言，采用平面粘结法确定所需要的粘结组织及确定巨项目的关键组织的计算公式为：

$$\sum_{i=1}^{t} w'_i = a \tag{4.1}$$

$$CO = \sum_{i=1}^{t} A'_i \tag{4.2}$$

式中：a——常数，通常取 $a = 0.8$；

t——变量，取值为正整数（在理论上，$1 \leqslant t \leqslant n$）。

需要先通过公式（4.1）计算确定 t，然后将公式（4.1）计算的结果代入到公式（4.2），从而求出 CO。

根据上述公式，可知巨项目的关键组织实质上就是由 t 个一般性组织粘结合并而成，关键组织是一个整体组织的概念，而一般性组织是这个整体组织中的构成要素。在实践中，t 通常大于等于 1 且小于等于参与组织数量的 20%（因为按照二八定律，20% 的组织所起的重要性程度达到 80%）。当然，在有些情形下，$t = 1$，例如三峡工程涉及移民工作的组织中，涉及重庆市政府、湖北省政府以及除重庆、湖北外的 20 多个省市政府。按照移民工作重要性程度系数从大到小的顺序进行排序，对应的组织分别为：重庆市、湖北省等。按照公式（4.1），此时可以计算出 $t = 1$，因为重庆市的移民工作量就占到整个三峡工程移民总量的 80% 以上，所以此时需要粘结的组织仅有一个，即重庆市，也即关键组织 CO = 重庆市。当然，大部分的情形是 $1 \leqslant t \leqslant b$（$b$ 为正整数，取 $b = 0.2n$）。

（2）基于平面粘结法来确定关键组织的实例分析。

设在巨项目组织联盟中存在 10 个独立的参与主体（分别记为 $O_1, O_2, \ldots, O_{10}$），且假设这 10 个独立的参与主体在巨项目组织联盟中所起的重要性程度系数从大到小排列，其重要性程度系数分别为：$w(O_1)=0.55$，$w(O_2)=0.25$，$w(O_3)=0.10$，$w(O_4)=0.05$，$w(O_5+O_6+\cdots+O_{10})=0.05$。运用基于平面粘结法的计算公式，可以计算出 $t=2$，则关键组织 $CO = O_1 + O_2$，非关键组织 $= O_3+O_4+\cdots+O_{10}$。该计算结果也恰好符合二八定律的理念（即抓住 20% 的关键参与主体），具体计算过程也可以采用绘制直方图的形式进行（如图 4.7 所示）。为此，巨项目组织管理的重点是 O_1 与 O_2，二者共同构成巨项目组织联盟的主导支撑组织，并通过组织的叠加、合并，直至粘结重组，形成一个有效的关键组织。

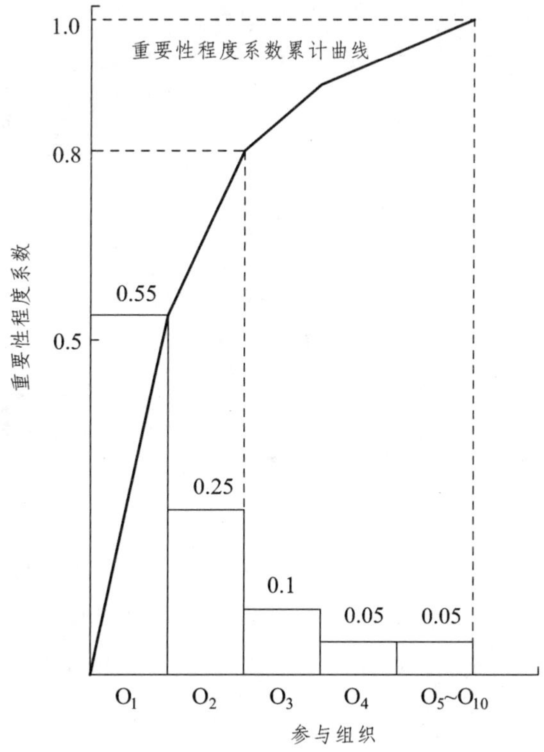

图 4.7 巨项目关键组织计算过程直方图

（3）空间粘结法。

空间粘结法是指将处在巨项目多个子系统组织平面的关键组织，通过空间组织结构的组合和优化机制形成巨项目组织网络体系的立体关键组织链。巨项目立体关键组织链是由处在多个平面体系的关键组织链,按照资源约束、技术约束和组织约束的规则所形成的空间关键组织链条（见图 4.8）。

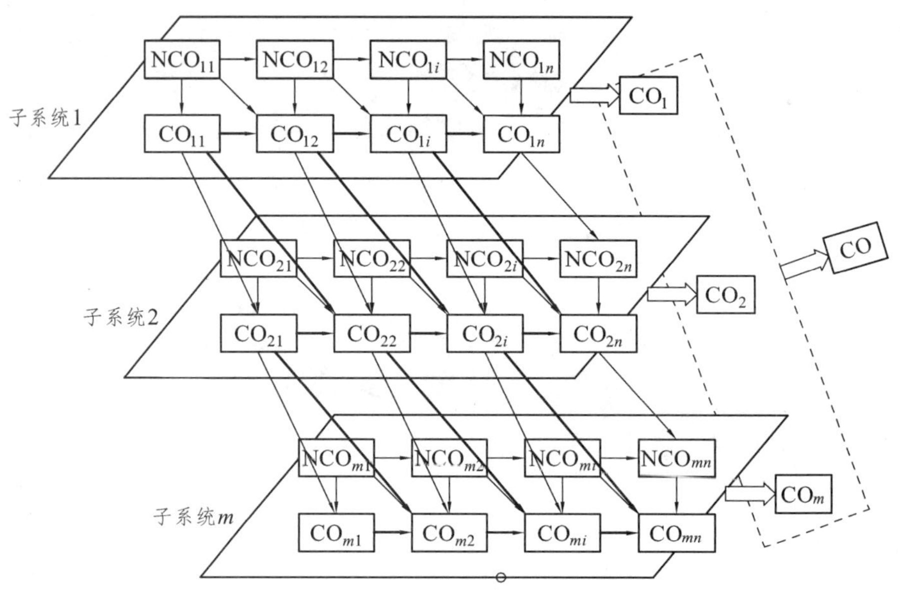

图 4.8　巨项目立体关键组织链

说明：图中 NCO_{mi} 表示第 m 个子系统的第 i 个非关键组织；
CO_{mi} 表示示第 m 个子系统的第 i 个关键组织；
图中的粗线箭头表示关键组织的立体关键组织链的逻辑关系；
CO_1，CO_2，…，CO_m 分别代表子系统 1、子系统 2、……、子系统 m 的关键组织；
CO 代表巨项目有效大系统的关键组织。

图 4.8 中所示的立体关键组织链揭示了巨项目每一个子系统的组织平面中的关键组织、非关键组织之间的逻辑关系。关于巨项目立体关键组织链的表达过程，实质上可以看成是巨项目的众多组织要素分别基于平面粘结法所形成每一个平面关键组织链的集合体。抓住这一组织集合体可以实现巨项目组织管理在中宏观层面上的有效性。具体而言，在宏观层面，巨项目组织管理可以通过寻求立体关键组织链，把握立体关键组织链上对应的关键组织，

因为这些关键组织来自不同的子系统，他们分别代表了各个子系统的支柱组织；在中观层面，分别基于立体关键组织链上各子系统所对应的平面关键组织链，确定巨项目每一个子系统平面的关键组织，以此作为每一个子系统组织管理的重点主体。巨项目组织空间粘结法的基本过程具体可以为。

第一步，运用平面粘结法计算确定每一个子系统组织平面的关键组织，例如子系统 1 的关键组织 CO_{11}，CO_{12}，…，CO_{1n}。

第二步，将基于平面粘结法所聚合而成的每一个子系统平面的关键组织视为在空间组织结构中的一般性组织。将这些一般性组织按照其在巨项目系统中所起的重要程度系数排序，并分别对各个组织组织的重要性程度系数进行累计求和；

第三步，基于二八原理的思想，将第一步所确定的关键组织按照第二步进行累计求和，直到重要性程度系数求和累计约等于 80% 的临界点时，对 CO_1，CO_2，…，CO_m 进行合并粘结形成最终的关键组织 CO。

4.3 巨项目云组织结构形式设计

4.3.1 巨项目云组织结构形式设计的基本思想

对于巨项目每一个子系统内的参与组织，可以根据其对子系统的贡献度分为三种形式：

一是关键组织（CO），对巨项目的贡献度达到 80% 左右。

二是辅助组织（Auxiliary Organization，AO），对巨项目的贡献度达到 15% 左右。

三是次要组织（Secondary Organization，SO），对巨项目的贡献度在 5% 左右。

辅助组织和次要组织统称为非关键组织（一般对巨项目的贡献度仅为 20% 左右）。由于关键组织的贡献度大，故需要将巨项目中的每一个子系统、子要素中的关键组织作为巨项目组织管理的重点主体，因此所设计出来的巨项目组织结构形态也是需要将关键组织列为组织分解和组织管理的重点。

以三峡工程的移民子系统为例，关键组织是重庆市政府（因为三峡库区重庆段的移民工作量占到了整个三峡移民总量的 80% 左右），辅助组织是湖北省政府（因为三峡库区湖北段的移民工作量占整个三峡移民总量比例的 15% 左右），次要组织为四川省、湖南省、山东省、江西省等省份（因为这些省份涉及移民接收工作量的 5% 左右）。

基于前述有关巨项目组织的粘结原理与方法，进行巨项目组织结构设计时，应大致把握以下基本思想。

一是，坚持抓关键组织，抓关键部门，抓关键任务的“三抓”理念，确保巨项目组织管理的重点性和有效性。也即是要以关键组织为组织分解、组织协作、组织整合的对象主体。

二是，遵循逐级分解、逐级简化的思想，并确保组织中的信息流、物质流、关系流畅通快捷，从而确保巨项目各个参与主体分工合理、相互协作，并力求达到有效管理的目标。

三是，所设计的巨项目组织结构形式应该表现为多级系统（多平面、多子系统、多子项目）的空间组织结构形态，而不是单一平面、单一任务、单一子系统的平面式组织结构形式（如直线式、职能式、直线职能式、矩阵式等组织结构形式）。

四是，巨项目组织结构设计需要体现出多层级（分别为目标层、战略层、战术层、执行层）的管理体系，且目标层对应巨项目有效大系统，战略层对应巨项目的子系统，战术层对应巨项目的子项目，执行层对应巨项目的子任务。并保障各个层级的关键组织之间在项目层面和任务层面的空间隶属和绝对服从关系，即下一层级的关键组织要绝对服从于上一层级的关键组织，同一层级的非关键组织要绝对服从于该层级的关键组织。

五是，巨项目组织结构中每一个平面的管理主体是以关键组织（CO）为对象，并将各个平面的关键组织（CO）联结成一条中枢纽带，从而形成一个完整的立体关键组织链。

六是，每一个平面的关键组织与关键组织，以及关键组织与非关键组织需要有效处理好合作协调的问题。

4.3.2 巨项目云组织结构形式

按照巨项目组织结构设计的基本思想，可以设计出基于多级关键组织的巨项目空间组织结构形式（见图 4.9）。

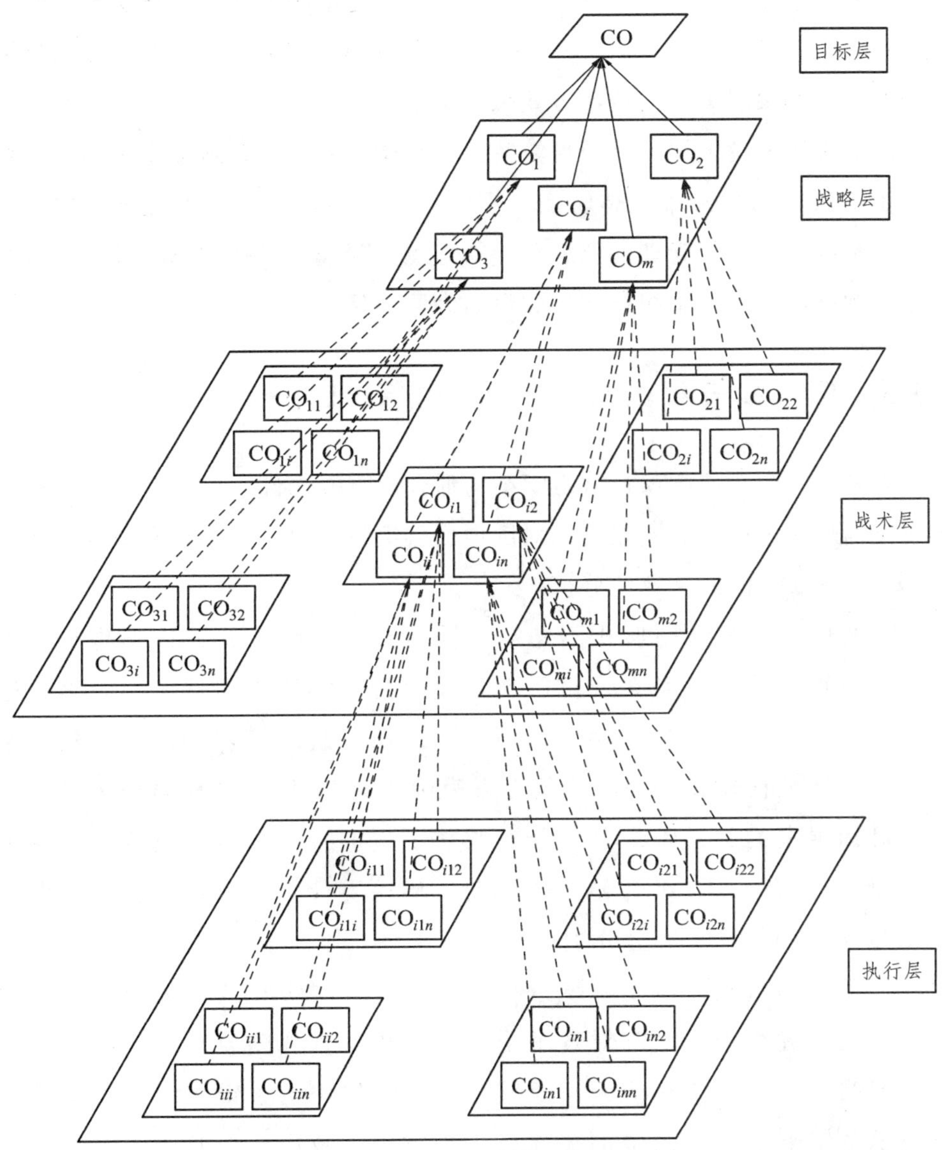

图 4.9 基于多级关键组织的巨项目空间组织结构形式（巨项目云组织结构）

在图 4.9 中，执行层中的符号 CO_{iii} 表示巨项目第 i 个子系统在第 i 个子项目中的第 i 个子任务的关键组织。由于执行层同样可能会涉及 n 个子任务，为简化绘图过程，执行层中仅仅表达了子任务 1、子任务 2、……、子任务 n 相对于战略层中的 i 个子系统第 i 个子项目关键组织的空间隶属关系，对于执行层的子任务 1、子任务 2、……、子任务 n 相对于战术层中其他子项目关键组织的空间隶属关系的表述方式依此类推。

基于多级关键组织的巨项目空间组织结构形式，有效地实现了组织结构形式由二维平面向三维立体转变，不仅是组织结构设计思维理念的重大革新，亦是巨项目组织管理的新思路、新理念、新模式，故本书将基于多级关键组织的巨项目空间组织结构形式命名为巨项目云组织结构。

4.3.3 巨项目云组织结构形式的有效性分析

为确保所构建的巨项目云组织结构形式具有操作性、可行性和适用性，本书分别从理论层面和实践层面对巨项目云组织结构形式予以有效性分析。

（1）实践层面的有效性分析。

巨项目云组织结构形式不是空中楼阁式的组织形式，也不是空穴来风式的组织形式，而是在现行巨项目建设管理实践中得到了淋漓尽致地体现和充分地运用。以三峡工程为例，巨项目组织管理的第一个层级是国务院三峡工程建设委员会（负责人为国务院总理），就相当于云组织结构中目标层中的关键组织，由其对三峡工程进行全面统筹负责；三峡工程组织管理的第二层级为移民委员会、环保委员会、征地委员会、大坝委员会、水利发电委员会分别对移民子系统、环保子系统、征地子系统、大坝子系统、水利发电子系统进行管理，这一层级相当于云组织结构中战略层的关键组织，由其对各个子系统工程实现战略管理；三峡工程组织管理的第三层级则对应云组织结构中战术层中的关键组织，如隶属于移民子系统下的第三层级的关键组织为重庆市政府，由其牵头统筹实施移民搬迁工作；三峡工程组织管理的第四层级对应云组织结构中执行层中的关键组织，如隶属于三峡移民子系统中的子项目（三峡库区重庆段移民子项目）中的子任务（重庆万州、涪陵段的移民子任务）中的关键组织为重庆市万州区、涪陵区政府。

（2）理论层面的有效性分析。

巨项目云组织结构形式与二维平面组织结构形式（如直线式、职能式、矩阵式）的最大区别在于：首先，它基于二八管理的思想，能够将巨项目众多杂乱无章、且纷繁复杂的子系统、子项目、子任务分别实施重点控制和关键管理，从而把握巨项目有效大系统管理的有效性和系统性。其次，巨项目云组织结构形式是一种面向宏观统筹和中观协调层面的组织架构，而不是面向微观运作的具体组织形式。再次，巨项目云组织结构形式层层分解、环环相扣、上层关键组织统筹指导下层关键组织、下层关键组织隶属服从上层关键组织，同级关键组织对非关键组织（包括辅助组织和次要组织）牵头开展主导性工作，这种组织结构形式具有指令隶属关系明确、专业分工合理有效、信息传递高效快捷等特征，因而能够有效打破传统组织结构形式难以适应巨项目组织管理的僵局。最后，巨项目云组织结构形式可以通过寻求各层级的关键组织链，并把握各个层级的关键组织，从而达到巨项目组织管理工作“化繁为简”“化多为少”“化无序为有序”“化量变为质变”的目标。

综上所述，巨项目云组织结构形式在理论层面和实践层面都具有很强的有效性、可行性和先进性，是对传统组织结构形式的概念创新、理论创新与实践创新。

4.4 本章小结

巨项目组织不仅是实现巨项目管理目标的重要载体和组织保障，也是确保巨项目管理机制正常运行的核心内容。本章首先阐述了巨项目关键组织和关键组织链的内涵，探讨了关键组织的有效划分标准，提出了基于甘特图的巨项目关键组织链的逻辑表达方式。其次论述了巨项目组织粘结的原理，分析了巨项目组织粘结的方法：平面粘结法和空间粘结法。进而阐述了巨项目云组织结构形式设计的基本思想，构建了巨项目云组织结构形式，并分别从理论层面和实践层面对巨项目云组织结构形式予以有效性分析，以期在组织框架层面为巨项目组织联盟的合作协调提供组织支撑。

5 基于云模型和灰关联度法的巨项目组织联盟合作伙伴评价

5.1 引 言

当前，国内外许多特大型工程项目目标不能较好实现的主要原因不是技术问题，而是组织管理。由于巨项目涉及数量众多的投资主体、管理主体和利益主体，导致巨项目的组织结构特征体现为参与主体层次多、参建主体协调难度大、组织结构异常庞大和复杂，为此构建新型的巨项目组织联盟模式乃是确保巨项目目标实现的重要保障。国内外的理论研究和实践探索表明，基于战略合作伙伴关系的组织联盟，可以有效整合组织联盟中合作伙伴的突出优势与核心能力，使得组织的整体竞争力和资源的整合优化水平得到有效提升，以最大限度地实现组织的专业化分工及协作。就巨项目而言，科学合理地选择合作伙伴不仅是组建巨项目组织战略联盟的关键环节，亦是确保巨项目组织联盟成功运作的重要内容。

当前，关于组织联盟合作伙伴的评价与选择问题，已经逐渐成为理论界和实践界的研究热点，国内外许多专家、学者亦纷纷做了大量有益的研究工作，并提出了许多合作伙伴选择的定量评价方法，主要包括：熵权法（肖玉明，2007）[207]、TOPSIS 法（刘帅华，2008）[208]、模糊层次分析法（王丹，2000）[209]、数据包络分析法（吴会娟，2009）[210]、RBF 神经网络法（张悟移，2010）[211]、支持向量机法（李文博，2007）[212]、遗传算法（Wang Z. J.，2009）[213]、粒子群算法（Zhao Qiang，2009）[214]、单目标最优化模型法（文炳洲，2007）[215]、信号传递博弈模型法（向小东，2010）[216]、基于证据推理和粗集理论的方法（吴隽，2005）[217]、基于粗糙集和神经网络的方法（朱军勇，2007）[218]等。概括而言，这些评价方法各具特色，对组织联盟合作伙伴的科学评价与合理选择起到了重要的参考借鉴作用。但现有研究成果在考虑评价指标的模糊性和不确定性时，大多未能有效给出定性概念的合理表示，故有必要突破传统合作伙伴评价方法的局限性。云模型是一种定性知识描述与定性概念及其定量数值之间不确定性的转换模型（李德毅，2004）[219]，它把模糊性和随机性有机结合起来，实现了定性概念与其定量表示之间的不确定性转换。云模型的知识表达和不确定性推理为巨项目组织联盟合作伙伴的定量评价提供了新的思维。云模型不仅考虑了概念的模糊性，且充分体现了评价的随机性。灰色关联度法具有信息利用率和精度较高、权值计算较合理、数据计算简便的优点。因此，本书基于“组合评价”的研究思维，系统整合云模型与灰色关联度法的优点，综合开展巨项目组织联盟合作伙伴的评价研究，以有效规避单一评价方法的局限性。通过对合作伙伴的主要评价因子，运用云模型及云的单规则不确定性推理来量化因素水平，再借鉴灰色关联度理论对合作伙伴进行综合评价，从而确保评价结果具有较强的科学性和客观性。

5.2 云模型基本理论

云模型作为定性定量转换的不确定性模型，能够充分实现语言概念的随机性和模糊性，是实现定性定量转换的有效数学工具（李德毅，2000）[220]。

5.2.1 云的定义

设 U 是一个用精确数值表示的定量论域，C 是 U 上的定性概念，若定量值 $x \in U$，且 x 是定性概念 C 的一次随机实现，x 对 C 的确定度 $u(x) \in [0,1]$ 是有稳定倾向的随机数。

$$u: U \to [0,1] \forall x \in U, \quad x \to u(x)$$

则 x 在论域 U 上的分布称为云，每一个 x 称为一个云滴（Li Deyi，1998）[221]。

从云的定义可以看出，云理论是研究定性概念的量化方法。定性概念转换成一个个定量值，是个离散的转换过程，具有偶然性。每一个特定的点的选取是个随机事件，可以用其概率分布函数描述。云滴的确定度刻画了模糊性，这个值（云滴的确定度）自身也是个随机值，也可用其概率分布函数加以描述。在论域空间中，大量云滴构成的云，可以表征某一定性概念。

5.2.2 云的数字特征

云的数字特征运用期望 E_x，熵 E_n，超熵 H_e 三个数值来整体表征一个概念，它们综合反映了定性概念的定量数值。

期望 E_x：云滴在论域空间分布的期望。通俗而言，就是最能代表定性概念的点，换言之就是这个概念量化的最典型样本，它刻画了云的重心位置。

熵 E_n：定性概念的不确定性度量，它由概念的随机性和模糊性共同确定。一方面 E_n 是定性概念随机性的度量，反映了能够代表这个定性概念的云滴的离散程度；另一方面，E_n 是定性概念亦彼亦此性的度量，反映了论域空间中可被概念接受的取值范围。用同一个数字特征来反映模糊性和随机性，因而熵揭示了模糊性和随机性的关联性。

超熵 H_e：是 E_n 的不确定性度量，即熵的熵。超熵 H_e 用来刻度云滴的隶属度的随机性，由熵的模糊性和随机性共同决定。

因此，云模型的 3 个数字特征把模糊性（定性概念的亦此亦彼性）和随机性（隶属度的随机性）综合集成在一起，构成定性和定量相互间的映射，作为知识表示的基础。

5.2.3 基于正态云的定性与定量转化模型

正态分布是概率统计理论中最重要的分布之一，通常用均值和方差两个数字特征；钟形隶属函数是模糊集合中使用最多的隶属函数。正态云模型是在二者基础上发展起来的全新模型。正态云具有普适性，可以将它作为基础进行定性概念的量化。

设 U 是一个用精确数值表示的定量论域，C 是 U 上的定性概念。若定量

值 $x \in U$ ，且 x 是定性概念 C 的一次随机实现，若 x 满足：$x \sim N(E_x, E_n^2)$ ，其中：$E_n \sim N(E_n, H_e^2)$ ，且 x 对 C 的确定度满足

$$u = \mathrm{e}^{-\frac{(x-E_x)^2}{2(E_n')^2}}$$

则 x 在论域 U 上的分布称为正态云（贾琦，2010）[222]。

一个定性概念可由正态云发生器产生，具体算法为：

（1）生成以 E_n 为期望值，H_e^2 为方差的一个正态随机数 $E'_{ni} = NORM(E_n, H_e^2)$ ；

（2）生成以 E_x 为期望值，E'^2_{ni} 为方差的一个正态随机数 $x_i = NORM(E_x, E'^2_{ni})$ ；

（3）计算 $u_i = \exp\left(-\dfrac{(x_i - E_x)^2}{2(E'_{ni})^2}\right)$ ；

（4）计算具有确定度 u_i 的 x_i 成为数域中的一个云滴；

（5）重复步骤（1）到（4）n 次，直到产生要求的 n 个云滴为止。

所有的云滴组成了云，即为定性概念的表征。其中 $NORM$ 为产生服从正态分布随机数的函数。

在生成正态随机数时，方差一般不允许等于零，故在云发生器算法中要求 E_n 和 H_e 均大于零。否则，如若 $H_e = 0$ ，算法步骤（1）总是生成一个确定的值 E_n ，x 就成为正态分布；倘若 $H_e = 0$ ，$E_n = 0$ ，则算法生成的 x 就成为同一个确切值 E_x ，且 u 恒等于 1。因而从这个意义而言，确定性是不确定性的特例。

当某一定性概念经过云模型量化之后，即可运用期望、熵和超熵三个数字特征来描述概念。此时如果给定论域 U_1 中的一个特定点 a，通过云发生器可以生成这个特定点 a 属于概念 C_1 的确定度，这样则可实现定量数值属于某一定性概念的程度，具体算法为：

（1）根据定性概念的数字特征：熵和超熵生成正态分布的随机数 $E'_n = NORM(E_n, H_e^2)$ ；

（2）根据期望值和特定输入值计算确定度 $u = \exp\left(-\dfrac{(a - E_x)^2}{2(E'_n)^2}\right)$ 。

5.3 巨项目组织联盟合作伙伴评价指标体系构建

巨项目组织联盟合作伙伴评价指标体系的构建应尽量遵循系统层次性、简明科学性、稳定可比性、灵活可操作性、定性和定量指标相结合原则，并且应充分体现巨项目组织的立体式、非线性、模糊性及随机性特征。同时，巨项目组织联盟合作伙伴评价指标体系的构建应基于软指标与硬指标相结合、定性指标与定量指标相结合、合理控制指标规模与指标全面有效测度的思维，并综合考虑到各合作伙伴的项目绩效、业务能力、合作关系等层面的因素。在充分考虑现有可得数据的前提下，并在参阅最新国内外有关合作伙伴评价研究文献的基础上，按照“文献研究法→频度统计法→专家调查法→指标体系筛选”的研究思路，构建巨项目组织联盟合作伙伴指标体系（如表5.1 所示）。巨项目组织联盟合作伙伴指标体系一共包括 3 个一级指标（包括项目层面指标、能力层面指标、关系层面指标），12 个二级指标，以有效表征巨项目组织联盟潜在合作伙伴的定性和定量能力，并全面测度潜在合作伙伴的整体水平。

表 5.1 巨项目组织联盟合作伙伴评价指标体系

目标层	一级指标层	二级指标层	二级指标代码
巨项目组织联盟合作伙伴综合评价	项目层面（X）	项目成本	X_1
		项目质量	X_2
		项目工期	X_3
		项目效益	X_4
	能力层面（N）	敏捷能力	N_1
		创新能力	N_2
		管理能力	N_3
		资源能力	N_4
		集成能力	N_5
	关系层面（R）	信誉度	R_1
		合作度	R_2
		客户满意度	R_3

5.4 基于云模型和灰关联度法的巨项目组织联盟合作伙伴评价方法

设有 m 个潜在合作伙伴，其序号依次为 $s(s \in [1,m])$。潜在合作伙伴 m 有三级评价体系，$\zeta_{(s)}$ 表示潜在合作伙伴 s 的综合评价值；F 代表一级指标 F_i 组成的集合，记为 $F=\{F_1,F_2,\cdots,F_t\}$；$V_i(i \in [1,t])$ 代表二级指标因子 $V_{ij}(j \in [1,n_i])$ 所组成的集合，记为 $V_i=\{V_{i1},V_{i2},\cdots,V_{in_i}\}$；潜在合作伙伴 s 的二级指标因子 V_{ij} 属性值记为 $x_{ij(s)}$，则具体评价步骤如下。

5.4.1 确定指标因子水平评语集

人们通常会根据自己的思维方式，用定性自然语言 A_k 来描述 V_{ij} 的二级指标因子水平，设 A 是 A_k 所组成的集合，记为 $A=\{A_1,A_2,\cdots,A_p\}$，A_k 具有一定的模糊性和随机性。

5.4.2 确定指标因子水平评语的云模型

根据专家知识和经验确定二级指标因子 V_{ij} 的评语 A_k 所对应的一维正态云模型为 $SC_{ij}^{A_k}(E_{xij}^{A_k},E_{nij}^{A_k},H_{eij}^{A_k})$。

5.4.3 判断潜在合作伙伴的因子水平

计算 $x_{ij(s)}$ 对 $SC_{ij}^{A_k}(E_{xij}^{A_k},E_{nij}^{A_k},H_{eij}^{A_k})$ 的隶属度 $y_{ij(s)}^{A_k}$，若 $y_{ij(s)}^{A_e} > y_{ij(s)}^{A_k}(1 \leqslant k \leqslant p$，且 $k \neq e)$，则潜在合作伙伴 s 的二级指标因子 V_{ij} 评价水平为评语 A_e，记为 $x_{ij(s)} \in A_e$。

5.4.4 制定分值评语集及分值云模型

设 B 为描述分值高低的定性概念 B_d 所组成的集合，记 $B=$

$\{B_1,B_2,\cdots,B_q\}$，可设 $B=$\{高，较高，中等，较低，低\}；B_d 所对应的云模型为 $SC^{B_d}(E_x^{B_d},E_n^{B_d},H_e^{B_d})$。

5.4.5 建立云不确定性推理关系、计算指标因子分值

设 $r_{ij(s)}$ 为潜在合作伙伴 s 的指标因子 V_{ij} 的分值，可通过云的单规则不确定性推理来计算 $r_{ij(s)}$ 值。一条定性单规则形式描述为“If $x_{ij(s)}\in A_k$, Then $r_{ij(s)}\in B_d$（其中 k、d 是一一对应关系）”，其计算原理如图 5.1 所示。图 5.1 中，$SC_{ij}^{A_k}$ 表示输入自然语言值 A_k 的带 X 条件的云，SC^{B_d} 表示输出自然语言值 B 的带 Y 条件的云。当特定数值 $x_{ij(s)}$ 触动 $SC_{ij}^{A_k}$ 时，会产生随机数 $y_{ij(s)}^{A_k}$，取 $y_{ij(s)}^{A_k}$ 的最大值激活 SC^{B_d}，从而产生云滴 $Drop(r_{ij(s)},y_{ij(s)})$。

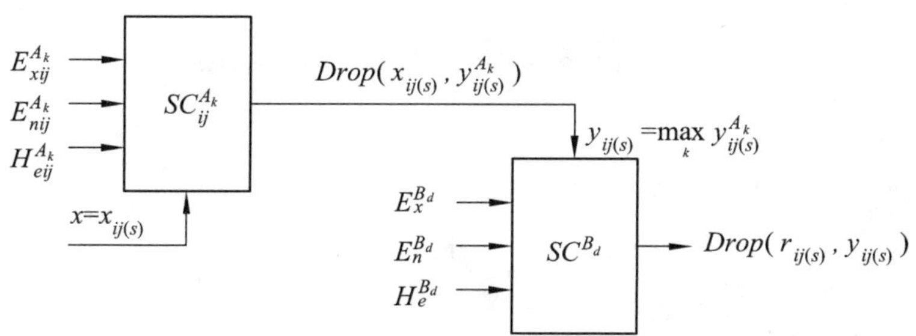

图 5.1 云模型的不确定性推理关系

通过云不确定性推理，得到 m 个潜在合作伙伴对一级指标 F_i 的二级指标因子 V_{ij} 的分值 $r_{ij(s)}$ 所组成的判断矩阵 $\boldsymbol{R}_i$，如式（5.1）所示。

$$\boldsymbol{R}_i=\begin{bmatrix} r_{i1(1)} & r_{i2(1)} & r_{i3(1)} & \cdots & r_{ij(1)} \\ r_{i1(2)} & r_{i2(2)} & r_{i3(2)} & \cdots & r_{ij(2)} \\ \vdots & \vdots & \vdots & & \vdots \\ r_{i1(m)} & r_{i2(m)} & r_{i3(m)} & \cdots & r_{ij(m)} \end{bmatrix} \quad (i=1,2,\cdots,t;\ j=1,2,\cdots,n_i) \tag{5.1}$$

5.4.6 评价矩阵的标准化处理

考虑到各因子分值的量纲、级差、趋向不尽相同，必须对其进行规范化

和同趋化处理。根据本课题的研究目的，笔者采用极差正规化法对初始因子分值进行无量纲化处理，将各二级指标因子 V_{ij} 的分值 $r_{ij(s)}$ 归一化到[0,1]的单位区间来，其计算公式分别为：

（1）正向指标（越大越好）：

$$r'_{ij(s)}=\frac{r_{ij(s)}-\min\limits_{s} r_{ij(s)}}{\max\limits_{s} r_{ij(s)}-\min\limits_{s} r_{ij(s)}},\ (j=1,2,\cdots,n_i;s=1,2,\cdots,m) \tag{5.2}$$

（2）逆向指标（越小越好）：

$$r'_{ij(s)}=\frac{\max\limits_{s} r_{ij(s)}-r_{ij(s)}}{\max\limits_{s} r_{ij(s)}-\min\limits_{s} r_{ij(s)}},\ (j=1,2,\cdots,n_i;s=1,2,\cdots,m) \tag{5.3}$$

式中：$r'_{ij(s)}$——经过标准化处理后的因子分值；

经过标准化处理后，则判断矩阵 $\boldsymbol{R}_i$ 的规范化矩阵 $\boldsymbol{R}'_i$ 为：

$$\boldsymbol{R}'_i=\begin{bmatrix} r'_{i1(1)} & r'_{i2(1)} & r'_{i3(1)} & \cdots & r'_{ij(1)} \\ r'_{i1(2)} & r'_{i2(2)} & r'_{i3(2)} & \cdots & r'_{ij(2)} \\ \vdots & \vdots & \vdots & & \vdots \\ r'_{i1(m)} & r'_{i2(m)} & r'_{i3(m)} & \cdots & r'_{ij(m)} \end{bmatrix} \quad (i=1,2,\cdots,t;j=1,2,\cdots,n_i) \tag{5.4}$$

5.4.7 应用层次灰色关联度法评价潜在合作伙伴

（1）确定理想对象。

设 V_i 层的理想方案是 $o_{i(0)}$，则有

$$o_{i(0)}=(r_{i1(0)},r_{i2(0)},\cdots,r_{ij(0)})，且\ r_{ij(0)}=\max\limits_{s} r'_{ij(s)} \tag{5.5}$$

（2）计算关联系数。

确定潜在合作伙伴 V_i 层的指标因子 V_{ij} 与理想方案 $o_{i(0)}$ 的关联系数 $\gamma_{ij(s)}$，其表达式为

$$\gamma_{ij(s)}=\frac{\beta\max\limits_{s}\max\limits_{j}\left|r'_{ij(s)}-r_{ij(0)}\right|}{\left|r'_{ij(s)}-r_{ij(0)}\right|+\beta\max\limits_{s}\max\limits_{j}\left|r'_{ij(s)}-r_{ij(0)}\right|} \tag{5.6}$$

式中：β——分辨系数，通常取 0.5。

（3）确定指标权重。

目前确定指标权重的方法有百种之多，其中常用的方法有德尔菲法和层次分析法。基于巨项目组织联盟合作伙伴评价的随机性和模糊性，为有效进行权重系数挖掘，本书拟运用灰关联度法来确定 V_i 层的指标因子权重 ω_{ij}（罗本成，2002）[223]。设指标因子 V_{ij} 与 $\overline{V_{ij}}$（V_i 层除指标因子 j 外的所有因子）之间的灰关联度为 ε_{ij}。

$$\varepsilon_{ij}=\frac{1}{n_i-1}\sum_{g=1,g\neq j}^{n_i}\eta(V_{ij},V_{ig}) \tag{5.7}$$

$$\begin{aligned}\eta(V_{ij},V_{ig})&=\frac{1}{m}\sum_{s=1}^{m}\xi_{jg}^{s}\\&=\frac{1}{m}\sum_{s=1}^{m}\left(\frac{\min\limits_{j}\min\limits_{s}\left|r'_{ij(s)}-r'_{ig(s)}\right|+\beta\max\limits_{j}\max\limits_{s}\left|r'_{ij(s)}-r'_{ig(s)}\right|}{\left|r'_{ij(s)}-r'_{ig(s)}\right|+\beta\max\limits_{j}\max\limits_{s}\left|r'_{ij(s)}-r'_{ig(s)}\right|}\right)\end{aligned} \tag{5.8}$$

对求得的灰关联度进行规范化处理，即可计算出各个指标的相对权重，则有

$$w_{ij}=\frac{\varepsilon_{ij}}{\sum\limits_{j=1}^{n_i}\varepsilon_{ij}} \tag{5.9}$$

（4）计算综合关联度。

计算各潜在合作伙伴的 V_i 层与理想对象 $o_{i(0)}$ 的综合关联度 $\zeta_{i(s)}$，其计算表达式为

$$\zeta_{i(s)}=\sum_{j=1}^{n_i}\omega_{ij}\gamma_{ij(s)} \tag{5.10}$$

以 $\zeta_{i(s)}$ 为潜在合作伙伴 s 的一级指标 F_i 的值，$o_{(0)}$ 为各潜在合作伙伴中 $\zeta_{i(s)}$ 最大值组成的理想对象，按照式（5.1）~式（5.10）的原理对 F 综合评价。设潜在合作伙伴 s 与理想对象 $o_{(0)}$ 的综合关联度为 $\zeta_{(s)}$，$\zeta_{(s)}$ 越大则潜在合作伙伴 s 越优。

5.5 实例分析

基于巨项目组织联盟合作伙伴评价指标体系及评价方法，本书拟通过实例分析来验证评价方法及模型的合理性和可行性。

5.5.1 实例分析基础数据

某巨项目组织联盟现有 4 个潜在合作伙伴 P_1，P_2，P_3，P_4，根据专家意见，确定巨项目组织联盟潜在合作伙伴评价信息（见表 5.2）。

表 5.2 巨项目组织联盟潜在合作伙伴评价信息

一级指标	二级指标	P_1	P_2	P_3	P_4
项目层面	项目成本	640	1200	900	1400
	项目质量	0.85	0.75	0.65	0.7
	项目工期	700	1500	900	1800
	项目效益	1200	1800	1100	2100
能力层面	敏捷能力	0.26	0.3	0.4	0.28
	创新能力	0.3	0.4	0.2	0.3
	管理能力	0.25	0.4	0.3	0.2
	资源能力	0.2	0.36	0.4	0.3
	集成能力	0.75	0.45	0.55	0.65
关系层面	信誉度	0.4	0.3	0.4	0.3
	合作度	0.5	0.4	0.6	0.7
	客户满意度	0.6	0.7	0.8	0.7

5.5.2 确定指标因子评语集及相应的云模型

基于人们的思维判断方式和专家知识、经验，针对各指标因子的自然属性确定其定性评语集及相应的云模型。例如："项目成本"因子的定性评语"低、较低、一般、较高、高"在成本域的云模型为"（400，400/3，0.1）（1050，

250/3，0.1）（1550，250/3，0.1）（2050，250/3，0.1）（2800，500/3，0.1）”。其他因子的云模型刻度方式类似。

5.5.3 建立分值云模型及云的不确定性推理

因子水平越好、分值就越高，相应地因子分值数值就越大。本书拟采用百分制来度量因子水平的高低。分值高低的定性评语“高、较高、中等、较低、低”在百分制数值域所对应的云模型描述依次为“（95，5/3，0.02）（85，5/3，0.02）（75，5/3，0.02）（65，5/3，0.02）（30，5/3，0.02）”。运用云的单规则不确定性推理机制将用定性语言表达的因子状况量化为分值。现以二级指标因子“项目成本”为例，基于专家知识及经验，建立如下推理规则：

If 项目成本“低” Then 分值“高”

If 项目成本“较低” Then 分值“较高”

If 项目成本“一般” Then 分值“中等”

If 项目成本“较高” Then 分值“较低”

If 项目成本“高” Then 分值“低”

运用云模型的知识表达及不确定推理可以得出各潜在合作伙伴的因子分值，其计算结果见表 5.3 所示。

表 5.3 潜在合作伙伴的因子分值数值

一级指标	二级指标	P_1	P_2	P_3	P_4
项目层面	项目成本	91.97	81.97	88.03	78.03
	项目质量	85.00	75.00	65.00	78.16
	项目工期	86.68	59.95	79.95	30.00
	项目效益	83.99	87.92	81.97	99.05
能力层面	敏捷能力	62.47	65.00	75.00	63.74
	创新能力	65.00	75.00	32.45	65.00
	管理能力	61.84	75.00	65.00	32.45
	资源能力	32.45	72.47	75.00	65.00
	集成能力	81.11	65.00	71.11	75.00
关系层面	信誉度	75.00	65.00	75.00	65.00
	合作度	33.73	32.07	65.00	75.00
	客户满意度	65.00	75.00	85.00	75.00

5.5.4 运用层次灰关联度法进行评价

根据式（5.2）~式（5.10）对表 5.3 中数据进行处理分析，求出各潜在合作伙伴的关联系数，以及一级指标和二级指标的权重系数(见表 5.4 所示)。根据前述计算结果，求出各潜在合作伙伴的综合关联度系数。通过加权求和，得出潜在合作伙伴 P_1，P_2，P_3，P_4 的综合关联度分别为 67.26%，54.83%，69.54%，55.17%，故潜在合作伙伴的优劣秩序为 $P_3 > P_1 > P_4 > P_2$。

表 5.4 基于云模型及灰关联度法的一级指标、二级指标权重系数

一级指标	一级指标权重	二级指标	二级指标权重
项目层面	0.337	项目成本	0.088
		项目质量	0.084
		项目工期	0.089
		项目效益	0.077
能力层面	0.408	敏捷能力	0.085
		创新能力	0.077
		管理能力	0.082
		资源能力	0.082
		集成能力	0.082
关系层面	0.255	信誉度	0.087
		合作度	0.081
		客户满意度	0.086

5.6 本章小结

巨项目组织联盟建立的关键环节在于科学合理地选择战略合作伙伴，对潜在合作伙伴快速准确的评价是选择合作伙伴及构建组织联盟的重要依据。鉴于巨项目组织联盟潜在合作伙伴评价的模糊性、随机性特征，本章首先构建了巨项目组织联盟合作伙伴评价指标体系（包括 3 个一级指标、12 个二级指标）；进而运用云模型理论，构建了基于云模型和灰色关联度法的巨项目组织联盟合作伙伴评价模型，并通过实例分析，验证了该评价模型的可行性和有效性。

6 基于合作博弈的巨项目组织联盟合作协调模型

6.1 引 言

较之于一般项目，巨项目具有投资巨大、建设周期长、技术复杂、参与主体众多、实施地域广阔等特征。传统工程建设管理的各参与方经常处于利益冲突、风险转嫁的状态，不仅会影响工程项目质量、工期和成本目标的实现，而且容易导致工程索赔及争议冲突。而现代工程建设管理的典型特点就在于冲突和合作并存，且涉及许多合作管理及利益协调问题，而巨项目组织的各个参与主体之间的联盟属于典型的合作博弈关系。例如：南水北调工程作为一个巨项目从组织角度上看具有明显的有效大系统和独立要素集合的特征，国务院南水北调工程建设委员会好比一个有效大系统，将整个工程纳入到一定的范围内负责组织实施，而国务院各部委、其他省市就是与这个有效大系统相关的独立要素。显而易见，巨项目的实施离不开独立要素的支持，独立要素之间、独立要素与有效大系统协调一致，巨项目建设就会顺利进行。否则，即使有国务院南水北调工程建设委员会的直接管理，工程照样运作不下去。然而，这些独立要素来自不同的利益系统，一个独立要素的获利，通常可能是另一个或几个独立要素的利益受损。因而，巨项目组织联盟中的有效大系统组织和独立要素组织为实现共同目标，则需要反反复复进行多次合作博弈。

毋庸置疑，经济学所要研究的内容是如何有效配置稀缺的经济资源，传统经济学认为自由竞争的市场经济能够在每个经济个体追求自身利益最大化的同时实现社会整体利益的最大化。然而，在现实经济组织中个人理性与集体理性经常存在冲突。自 20 世纪 90 年代起，有关社会经济组织联盟合作的重要性愈加体现出来，博弈各方把“双赢”“多赢”作为共同的奋斗目标。存在于经济生活中的许多现实困难也说明了某种形式合作的必要性，合作的思路或许正是解决这些困难的可行出路。因此，对于巨项目有效大系统和独立要素之间、独立要素与独立要素之间的合作协调等非系统性问题，可以基于合作博弈理论研究巨项目组织联盟的合作协调机制，并定量分析巨项目组织联盟中独立主体的贡献和效益分配，以期为巨项目组织联盟的合作协调决策提供理论依据和实践参考。

6.2 合作博弈基本理论

6.2.1 合作博弈的理论演进

就博弈论的发展历程而言，博弈论在产生初期主要研究的是合作博弈论。早在 1881 年，Edgeworth 在其撰写的《数学心理学》一书中就已经有了合作博弈的思想。但随着资本主义国家工业化进程的逐渐深入，博弈论的研究也从合作博弈转向了非合作博弈的研究。然而，合作博弈并没有随着时间流逝而消失。1944 年，Von Neumann 与 Mongenstern 合著的《博弈论与经济行为》（*The Theory of Games and Economic and Behavior*）中正式提出了合作博弈（cooperative game）的概念，其引入了合作博弈的基本分析工具——特征函数，研究了稳定集（Stable sets）解，由此，合作博弈的研究工作逐渐展开。20 世纪 50 年代，合作博弈在理论层面实现了很大的突破。在这一时期，Gilles DB 提出了研究稳定集合的一个分析工具——核（Core），此后 Shapley L. S. 与 M. Shubik 将其发展为合作博弈解的概念，并与 Shapley 值一直成为合作博弈最重要、最常用的两个解之一。1953 年，Shapley L. S. 提出了 Shapley 值作为合作博弈的解及其公理化刻画。Shapley L. S.（1971）[224]证明了合作博弈的边际贡献量在几何上是（凸）核的极点，即核是边际贡献向量的凸包，Shapley 值是核的重心。就合作联盟的博弈方式而言，则要考虑局中成员的优先联盟问题。Owen（1977）对 Shapley 值进行了一定修改，使其能够解释哪些联盟更能有效的谈判或协调。奥曼和德雷泽（1975）研究了联盟结构（coalition structure），并讨论了联盟结构的形式原因和应用问题。

20 世纪 80 年代后期，合作风暴迅速在全球兴起，企业之间也从对抗性的竞争转变为合作性的竞争。在这一阶段，对于合作博弈的研究又重新进入了人们的视线。但这时的研究并没有产生新的理论，主要是将 20 世纪 50 年代的合作博弈理论加以推广应用,以及利用非合作博弈的思想研究合作博弈。Owen（1981）引入了优先联盟博弈修正的 Banzhaf 值，进一步研究了联盟结构。Driesen TSH.（1991）[225]给出了一些有关 Shapley 值的公理化特征，以及核仁和核的综述，并重新证明了一些结果。Perry M.（1994）[226]讨论具有传递效用的博弈的非合作实现，他证明了非合作博弈的过程性均衡与合作博弈的稳定解可以通过子博弈完美均衡对应起来。

20 世纪 90 年代，在合作博弈研究领域出现了一些新的研究动向，主要体现在：一是，进化博弈，Amann 和 Yang（1998）[227]用进化复制动态的框架，解释了具有囚徒困境特征的联合企业的合作的保持，在其中没有依赖互惠的观点，而且从理论上指出该渐进稳定均衡正如我们在现实中观察到的是合作、背叛和谨慎的合作并存，从理论上探讨了合作的进化问题。二是，合作组织间的竞争博弈，Willmger M.（1999）通过实验表明如果参与人把其他人的行为视为正相关的而非负相关的外部性，其参与人对公共物品的贡献很大，在该实验中，部分贡献是单次占优战略。Spagnolo G.（1999）[228]强调社会关系在组织（团体）中合作的作用，社会和生产关系可用分离的重复战略相互作用模型联结起来。三是，合作中的复杂性分析，Levy（1994）[229]研究了产业间复杂相互作用和产业动态进化中的混沌现象，并用仿真模型刻画了计算机生产商、供应商和它们市场间的相互作用，Axlord（1997）[230]研究了组织合作复杂性问题，初步分析了组织合作稳定与不稳定条件。

自 21 世纪以来，合作博弈越来越受到学术界和企业界的高度重视。有关合作博弈理论和实践的研究文献主要集中在：一是，合作博弈理论的运用研究，主要包括企业合作博弈、城市合作博弈、区域经济合作博弈等方面（邱永志等，2006；王作成，2005；张朋柱，2009；王光净等，2010）[231-234]；二是，合作博弈的解与成本分摊（张建高，2002；董保民等，2008；孔祥荣、韩伯棠，2010）[235-237]；三是，战略联盟的合作博弈决策（刘松先，2005；颜红艳，2010）[238，239]；四是，基于合作博弈的利益相关者协调机制（魏纪泳等，2005；夏顺忠等，2009）[240，241]。

综上所述，随着理论研究和实践运用的深入推进，合作博弈理论在经济社会系统分析领域起到了重要的作用，合作博弈的理论体系亦逐渐完善。鉴于此，本书在现有研究成果的基础上，基于合作博弈的思路研究巨项目组织联盟的合作和协调问题，并定量分析巨项目中独立主体的贡献和效益，以期为解决巨项目组织联盟的合作协调问题提供新的思路和方向。

6.2.2 合作博弈与非合作博弈

博弈论（Game Theory）的基本出发点是研究具有个体理性的经济个体追求自身利益的行为，主要研究的是在相互外部经济条件下的个人决策问题，可分为合作博弈（cooperative game）和非合作博弈（non-cooperative game）两类。倘若当事人能达成一个具有约束力的合作协议或协议在外在力量保证下强制执行，就是合作博弈，反之则为非合作博弈。最典型的例子就是寡头市场上的竞争与合作。倘若两个寡头进行 cournot 竞争，则他们都是以自身利润最大化为目标，而不考虑对方的利润，因此是非合作博弈；但是，倘若两寡头签订协议，形成垄断，共同最大化垄断利润，然后将合作所带来的总利润在两寡头之间进行分配，则属于合作博弈的研究范畴。例如，石油输出国组织（OPEC）就是这样的一个限产合作联盟。

合作博弈与非合作博弈的侧重内容存在较大差异，主要体现在以下几个方面。一是，非合作博弈强调的是个体理性（individual rationality）、强调个体决策最优，并不注重集体理性，其结果的效率性通常不确定（结果可能是有效率的，也可能是无效率的），而合作博弈强调的则是集体理性（collective rationality），强调公平和效率（当二者存在冲突时，不同的合作博弈解会强调公平或效率的不同层面）。二是，非合作博弈可能达到内生型合作方式，而合作博弈通常是采取外生型合作方式（例如巨项目组织联盟的动态战略联盟伙伴选择时需要达成有约束力的协议，明确各个合作伙伴的贡献和效应分配情况，即组织联盟合作伙伴的合作是外生的）。三是，非合作博弈的均衡概念是建立在局中人在给定约束条件下，最大化其自身效用函数的基础上，而合作博弈的解则需要通过公理化加以刻画。四是，非合作博弈是一种微观类型的理论，它涉及准确地描述发生了什么，其关注的重点是策略（strategy），而合作博弈从宏观的视角研究局中人的博弈，其关注的是可以用有约束力的承诺来得到可行的结果（outcome），在合作方法中直接观察得益空间，而不必考虑结果的细节。关于合作博弈与非合作博弈的详细区别，如表 6.1 所示。

表 6.1 合作博弈与非合作博弈的区别

比较内容	非合作博弈	合作博弈
是否达成有约束力的合作协议	一般不能达成	能达成
侧重点	个体理性	集体理性
分析视角	微观	宏观
分析单位	个体	联盟
关注对象	策略	结果
基本元素	单个参与人的可能行动集合	参与人群的联合行动集合
合作方式	外生型合作	可能达到内生型合作

6.2.3 合作博弈的基本概念及其定义

（1）联盟。

在 n 人博弈中（n 为正整数），令 $N=\{1,2,3,\cdots,n\}$，N 的任意子集 S 为联盟（即 $S\subseteq N$）。空集和全集都被看成联盟。

（2）特征向量。

给定一个 n 人博弈，S 是一个联盟，$v(S)$ 与 $N-S=\{i\,|\,i\in N, i\notin S\}$ 的两人博弈中 S 的最大效用，则称 $v(S)$ 为特征向量。

（3）优超。

设 x 和 y 是两个可预期效益，S 是一个联盟。如果同时满足条件（a）和条件（b）：

（a）$x_i > y_i, \forall i\in S$；

（b）$\sum_{i\in S} x_i \leqslant v(S)$。

则称 x 通过联盟 S 优超 y（记为：$x \succ_S y$）。

（4）核心。

在一个 n 人博弈中，全体预分配向量组成的集合称为博弈的核心，记为 $C(v)$，且同时满足（a）和条件（b）：

（a）$\sum_{i\in S} x_i \geqslant v(S), \forall S \subseteq N$；

（b）$\sum_{i\in N} x_i = v(N)$。

对于 n 人合作博弈，核心 $C(v)$ 非空的充分必要条件是线性规划（LP）有最优可行解，即有

$$\min \sum_{i=1}^{n} x_i \leqslant v(N)$$

$$\text{s.t.} \sum_{i\in S} x_i \geqslant v(S), \forall S \subseteq N$$

（5）基本定义。

基于合作博弈的基本概念，为了进一步刻画 n 人合作博弈，需要引入以下一系列的定义。

定义 6.1 二元组 $G=(N,v)$ 称为局中人集合 $N=\{1,2,3,\cdots,n\}$ 的 n 人合作博弈（联盟博弈），如果 v 是 N 的所有子集形成的集合 2^N 上的映射（即 $2^N \to R^N$），且同时满足条件（a）和条件（b）：

（a）$v(\varnothing)=0$；

（b）对于任意 $S,T \in 2^N$，只要 $S \cap T = \varnothing$，则有 $v(S \cup T) \geqslant v(S)+v(T)$。

则称映射 v 为特征函数，称 N 的任意非空子集为联盟，$v(S)$ 为联盟 S 中局中人相互合作所能得到的效用。在合作博弈中，效用可能是得益，也可能是成本。

定义 6.2 在联盟 $G=(N,v)$ 中，如果 n 维向量 $x=\{x_1,x_2,x_3,\cdots,x_n\}$ 满足：

$$x_i \geqslant v(\{i\}), i=1, 2, 3, \cdots, n$$

$$\sum_{i=1}^{n} x_i = v(N)$$

则称 x 为 $G=(N,v)$ 的分配（imputation），其中 $x_i(i=1,2,3,\cdots,n)$ 表示第 i 个局中人所得的份额，全体分配的集合记为 $E(v)$。

定义 6.3 合作博弈 $G=(N,v)$ 是超可加的（superadditive），如果对于任意 $S,T\in 2^N$，且 $S\cap T=\varnothing$，有 $v(S)+v(T)\leqslant v(S\cup T)$；合作博弈 $G=(N,v)$ 是次可加的（subadditive），如果对于任意 $S,T\in 2^N$，且 $S\cap T=\varnothing$，有 $v(S)+v(T)\geqslant v(S\cup T)$；合作博弈 $G=(N,v)$ 是可加的（additive），如果对于任意 $S,T\in 2^N$，且 $S\cap T=\varnothing$，有 $v(S)+v(T)=v(S\cup T)$。

直观而言，如果一个博弈是超可加的，就意味着“整体大于部分之和”。即如果两个不相交的联盟如果能够实现某种剩余，则这两个联盟联合起来也至少可以实现这种剩余。超可加博弈是现实生活中很普遍的一类博弈。

定义 6.4 合作博弈 $G=(N,v)$ 是一个凸博弈（convex game），如果对于任意 $S,T\in 2^N$，有 $v(S)+v(T)\leqslant v(S\cup T)$；合作博弈 $G=(N,v)$ 是一个凹博弈（concave game），如果对于任意 $S,T\in 2^N$，有 $v(S)+v(T)\geqslant v(S\cup T)$。其中假设 $v(\phi)=0$。

凸博弈的直观含义是局中人对某个联盟的边际贡献随着联盟的规模扩大而增加。换言之，在凸博弈中，合作是规模报酬递增的。

定义 6.5 合作博弈 $G=(N,v)$ 是 0-标准化的（0-normalized），如果对于 $\forall i\in N, v(i)=0$；合作博弈 $G=(N,v)$ 是(0,1)-标准化的[(0,1)-normalized]，如果对于 $\forall i\in N, v(i)=0$，且 $v(N)=1$。

0-标准化及(0,1)-标准化博弈主要为简化证明过程而假设，二者都要求单个局中人不会产生任何得益，而大联盟所产生的得益标准化为 1。

定义 6.6 R^N 空间中包含所有有效配置向量的集合称为博弈 (N,v) 的预分配集（pre-imputation）$PI(v)$。

预分配集中的配置只要满足有效性即可（合作博弈的有效性是指配置中分配给所有参与人的得益之和恰好等于所有参与人合作所得，即大联盟达成后，所有的参与人将合作所得恰好分配完毕），但满足有效性的配置不一定能够实现，原因是可能会被其他配置所占优。换言之，预分配集中的配置不一定满足个体理性或集体理性。

定义 6.7 合作博弈 $G=(N,v)$ 的配置向量 $x\in R^N$ 是符合个体理性的

（individual rationality），如果对于 $\forall i \in N$ ，都有 $x_i \geqslant v(i)$ 。

作为一个理性的参与人，在评价某个分配方案时，都会将自己在该联盟中所能分配到的得益与离开联盟单干所能获得的好处进行比较，如果后者大于前者，则他宁愿离开联盟；如果前者大于后者，则会留在该联盟中，此时称该联盟的支付向量是符合个体理性。

定义 6.8 合作博弈 $G=(N,v)$ 的配置向量 $x \in R^N$ 是符合集体理性的（collective rationality），如果 $x(N)=\sum_{i \in N} x_i=\sum_{i=1}^{n} x_i=v(N)$ 。

定义 6.9 合作博弈 $G=(N,v)$ 的分配集（imputation）$I(v)$ 定义为：$I(v)=\{x \in R^N \mid x(N)=v(N)$ ，且对于 $\forall i \in N$ ，都有 $x_i \geqslant v(i)\}$ 。

从定义 6.9 中可以发现，$I(v)$ 是所有符合个体理性与集体理性的分配方案 x 的集合。

6.3 基于合作博弈的巨项目组织联盟合作协调模型构建

6.3.1 模型基本假定

（1）假定巨项目组织联盟的参与主体符合理性、理智的特征。

假定巨项目组织联盟中的各个参与主体是来自不同组织但利益相关的决策群体，这类群体在进行联盟决策时是理性和理智的，且符合个体理性和集体理性。

（2）假定巨项目组织联盟参与主体的博弈是合作的。

假设巨项目组织中的所有参与人可以进行谈判，通过充分的交流，并基于他们所用于的“威胁（threat）”和“报复（counter threat）”达成一个稳定的结果，巨项目组织联盟中的各个成员能够达成有约束力的协议。

（3）假定合作博弈的所有参与人总是能够形成大联盟（grand coalition）。

合作博弈一个暗含的重要假设是，所有的参与人总是能够形成大联盟。当大联盟不一定形成时，不仅要考虑收益的均衡配置，而且要考虑均衡时的联盟或联盟分割，则这就是联盟形成理论所需要考虑的问题。

（4）假定所研究的合作博弈是可转移效用博弈（transferable）。

本书涉及的合作博弈仅限于可转移效用博弈，即货币可以被用来在不同的参与人之间转移效用。当用特征函数来研究 n 人合作博弈 $G=(N,v)$ 时，假定了各个局中人收益（效用）是可转移的，每支出一个单位的货币，支出者的收益就损失一个效用单位，反之亦然。

6.3.2　巨项目组织联盟合作博弈分析模型构建

从理论上而言，一般在有多方参与的巨项目组织中，效益的分配通常是根据各方对巨项目的贡献大小（当然，各方对项目的贡献大小需要用某种适当的尺度来进行度量）来确定的。然而，在实际问题中，通常是先通过谈判，明确各方的利益和与此对应的付出，然后根据利益分配原则决定是否参与该项目。这样就可以在效益分配已知的情况下，研究确定参与者应该对项目付出和贡献的多少。当参与各方在巨项目实施之前能对彼此的付出达成共识，巨项目的顺利实施和成功完成才有保障。为此，对巨项目组织联盟各个参与主体的合作情形可以构建一个合作博弈分析模型。假设巨项目组织联盟有 n 个参与主体，则该联盟可通过以下合作博弈模型加以刻画：

$$G_c(N,v)=\{S_1,\cdots,S_n;b_1,\cdots,b_m;v_1,\cdots,v_n\} \tag{6.1}$$

$$v_i=f_i(S_1,\cdots,S_n;b_1,\cdots,b_m) \tag{6.2}$$

式中：$G_c(N,v)$ 表示有 n 个参与方参加的合作博弈（N 为非空的参与人集合，集合 N 的任意非空子集称为联盟）；$S_1,\cdots,S_n$ 表示各个参与方的策略空间；$b_1,\cdots,b_m$ 表示巨项目组织联盟所达成的协议；v_i 表示第 i 个参与方的特征函数，它是联盟协议和各参与方策略的多元函数；$v(S)$ 表示集合 S 的行为人无需求助于 S 之外的行为人所能得到的可转移效用的总量，且 $v(\varnothing)=0$，实际的 $v(S)$ 可以解释为联盟中当成员合作时所能实现的最大利益或者成本节约。倘若 S、T 是两个不相交的联盟，则他们联合在一起时的收益至少与两个联盟单独行动时各自所得收益一样多，即 $v(S\cup T)\geqslant v(S)+v(T), S\cap T=\varnothing$，特征函数的这一性质称为超可加性。

因此，巨项目组织联盟的合作博弈 $G_c(N,v)$ 包含一个参与方集 $N=\{1,2,3\cdots,n\}$ （可以用 $N=\{1,2,3,\cdots,n\}$ 表示巨项目组织的 n 个参与主体，以南水北调工程为例，这些独立主体可以是国家发展和改革委员会、国家水利部、国家财政部、住房和城乡建设部、天津市、河南省、山东省、湖北省……），策略空间 $\{S_1,\cdots,S_n\}$，协议集 $B=\{b_1,b_2,\cdots,b_m\}$，以及每个联盟的参与方 $S\subseteq N$ 对应的特征函数 v。

6.3.3 巨项目组织联盟合作博弈的性质

定义 6.10 如果一个合作博弈 $G_c(N,v)$ 的特征函数 v 具有下列形式，则称为一种 K-博弈。

$$v(S)=\sum_{T\subseteq S:|T=K|}v(T) \tag{6.3}$$

式中：$|T|$——联盟 T 中参与方的个数。

定义 6.11 如果一个合作博弈 $G_c(N,v)$ 对任意 $i\in N$，且任意 $S\subseteq T\subseteq N/\{i\}$ 都有下式成立：

$$v(T\cup\{i\})-v(T)\geqslant v(S\cup\{i\})-v(S) \tag{6.4}$$

则称合作博弈 $G_c(N,v)$ 为凸。

通过定义 6.11 可知，凸博弈允许参与方的每一个子群体在稳定的总联盟中所能获得的得益分配至少相当于他们不参与联盟所能获得的份额，当使用这种稳定的分配时，没有一个参与方的子群体愿意分裂，因为它们无法做到比不参与联盟获得的份额要多。合作博弈的这种凸性类似于非合作博弈的纳什均衡。

巨项目建设可以带来巨大的社会和经济效益，其效益属性表现为多层次、多元化、多要素的特征，著者基于合作博弈的 n 个参与主体的视角来分解巨项目的效益。令 $v(N)$ 表示巨项目组织的总效益，令 x_i 表示第 i 个参与主体从巨项目组织总效应中分配获得的份额效益，则向量 $x=(x_1,x_2,\cdots,x_n)^{\mathrm{T}}$ 称为群效益。

满足以下两个条件的所有群效益的集合 X 称为预分配集：

（a）集体有理性：$x_1+x_2+\cdots+x_n=v(N)$；

（b）个体有理性：$x_i \geqslant v(i), \ \forall i \in N$。

预分配集 X 中的向量称为 x，是可预期效益。换言之，每个独立主体可预期分配到的效益都必须来自预分配集 X，因为“集体有理性”条件保证巨项目组织联盟的总效益全部分配给参与巨项目组织联盟的所有独立主体,“个体有理性”条件保证各参与主体从巨项目组织联盟中获得的效益不低于他单独行动时的机会效益。

6.3.4　巨项目组织联盟合作博弈求解

对于巨项目组织联盟，可以采用合作博弈与划分导出博弈（可以反演合作博弈）的理论，在已知独立主体贡献的情况下，独立主体应该分配到的公平合理效益；或分配效益被基本确定的情况下，独立主体应该对巨项目所作出的贡献，著者将这些理论称为基于合作博弈的巨项目效益贡献合理分配理论（the theory on the rational allocation of benefit and contribution based on cooperative game，TRABC）。因此，可以运用基于合作博弈的巨项目效益贡献合理分配理论，来刻画求解巨项目组织联盟各个参与主体的贡献和效应分配情况。

一般而言，使用合作博弈分析模型来描述巨项目组织联盟合作协调问题时，如果所有独立要素的贡献和所有独立要素组成的联盟的贡献能够确定，即对任何 $S \subseteq N$，$v(S)$ 是可以确定的，其中 $v(S)$ 表示 S 中的全部独立主体组成一个联合体的贡献。那么，就可以采用合作博弈几种常见的解来描述描述各个独立主体应该分配到的公平合理的效益。常用的合作博弈的解主要有：核心、夏普利值、核仁等。

（1）核心（core）。

核心最早由 D. B. Gililes 于 20 世纪 50 年代早期引进作为研究合作稳定集合的一个工具，Lloyd S. Shapley 和 Martin Shubik 把它发展为一个解的概念，与夏普利值（Shapley 值）一起成为合作博弈中最重要也是最常用的两个解之一（董保民等，2008）[236]。对于 n 人合作博弈 $G_c(N,v)$ 的核心是该博弈中所有不被任何分配优超的可预期效益之集，记为 $C(G)$ 或 $C(v)$。

由于核心中的所有群效益彼此相互不被优超，因此，核心作为合作博弈的一个解集合具有解决上述争端的作用。当采用合作博弈理论来描述巨项目中的总效益分配问题时，如果该合作博弈的核心存在，就可以选择核心中的群效益作为巨项目的最终效益分配，而其中最敏感的争端已经被核心概念本身所化解。

核心作为合作博弈的一个解集合，可以用一组线性不等式描述如下。n 人合作博弈 $G_c(N,v)$ 的核心由全部满足下面条件的 n 维向量（本书中的群效益）x 所构成的集合组成。

（a）$\sum_{i\in S} x_i \geqslant v(S)$，对所有的 $S \subseteq N$；（6.5）

（b）$\sum_{i\in N} x_i = v(N)$.（6.6）

从核心 $C(v)$ 的表示中，我们看到，条件（b）即是前面的集体有理性条件；而条件（a）包含了前面的个体有理性条件，当 $S=\{i\},i=1,2,\cdots,n$；便是个体有理性条件。核心 $C(v)$ 中的每个 n 维向量 x 均满足条件（a）和条件（b），而条件（a）和（b）中的每一个条件都是线性的。因此，可以使用线性规划的方法来求解 n 人合作博弈的核心，并且在求解的同时还可以判定合作博弈的核心是否存在。因为，有时合作博弈的核心不一定存在。

定义 6.12 对于 n 人合作博弈 $G_c(N,v)$，核心 $C(v)$ 非空的充分必要条件是线性规划（式 6.7）有最小值 $Z^* \leqslant v(N)$，即

$$\begin{cases} \min z = \sum_{i=1}^{n} x_i \\ \text{s.t.} \sum_{i\in S} x_i \geqslant v(S), \forall S \subseteq N \end{cases} \quad (6.7)$$

当合作博弈的核心是不存在时，就不能从优超的角度出发去找到一些能避免敏感而显然的效益分配争端。就巨项目效应贡献的分析视角而言，那就是如何分配总效益，才能公平、合理、公正地解决问题，并不一定都能借助合作博弈中的优超概念完全获得解决。

（2）夏普利值（Shapley 值）。

单纯从优超的角度不能解决合作博弈的全部问题，因而可以考虑从其他

角度求解合作博弈的解。1953 年，Lloyd Shapley 采用公理化方式，为合作博弈引入了一个解，后来被人们命名为夏普利值。要了解夏普利公理的意义，需要知道合作博弈中的几个相关概念，即(0,1)-标准化、支柱（carrier）及置换博弈的概念。

① (0,1)-标准化。

一个合作博弈 $G_c(N,v)$ 是(0,1)-标准化的，如果它的特征函数满足式（a），（b），（c），（d）。

（a） $v(\varnothing)=0$；

（b） $v(\{i\})=0$，对所有 $i\in N$；

（c） $v(N)=1$；

（d） $v(S\cup T)\geqslant v(S)+v(T)$，当 $S\cap T=\varnothing$。

而(0,1)-标准化可以由下面的一个策略等价变换来完成：

$$u(S)=kv(S)+\sum_{i\in S}a_i$$

式中：$k>0$，a_1，…，a_n 是常数。

事实上，从(0,1)-标准化的条件（b），可以得到

$$a_i=-kv(i),i=1,2,\cdots,n$$

再根据式（c），得到：

$$1=u(N)=k(v(N)-\sum_{i=1}^{n}v(i))$$

当合作博弈 $G_c(N,v)$ 不是平凡时，$v(N)-\sum_{i=1}^{n}v(i)>0$，于是根据上面的式子可以确定 k。

② 支柱（carrier）。

在(0,1)-标准化的形式下，合作博弈的一个支柱 T 是一些参与者所组成的联盟，使得对任何其他联盟 S，特征函数具有性质：$v(S)=v(S\cap T)$。

如果合作博弈不是(0,1)-标准化的，通常是没有 $T\neq N$ 支柱的。

以南水北调工程为例，已知有参与主体：国家发改委、财政部，天津市、

河南省、山东省、湖北省等。如果我们用合作博弈的模型来描述各个独立主体及其所组成的联盟对该巨项目的贡献，并且把该博弈策略等价成了(0,1)-标准化的形式，假设由国家发改委、财政部、天津市、河南省和山东省所结成的联盟 T 是该问题的合作博弈模型中的一个支柱，即是

$$T=\{\text{国家发改委，财政部，天津市，河南省，山东省}\}$$

为该合作博弈的一个支柱。

那么，对于如由天津市、河南省、山东省、湖北省等组成的联盟而言，他们对南水北调工程的贡献，只是他们在支柱 T 中的成员的贡献，用特征函数表示为：

$v(\{$天津市，河南省，山东省，湖北省，……$\})=v(\{$天津市，河南省，山东省$\})$。

湖北省不是支柱 T 的成员，因此，湖北省和支柱 T 的成员组成联盟时，没有增加该联盟的效益，换言之，湖北省加入到联盟{天津市，河南省，山东省}中，不增加任何联盟的效益。

从标准化的形式来看，总效益完全由支柱中的参与者贡献，而非支柱中的参与者，在(0,1)-标准化形式描述的合作博弈中没有任何贡献。因此，Shapley 认为总效益应该只分配给支柱中的博弈参与人,这导致了夏普利值的定义中的有效性公理的提出。

③ 置换博弈。

设 π 是所有参与人组成的集合 N 上的一个置换，博弈 v 的置换博弈 πv 记为 u，其特征函数 u 定义如下：

对任何参与人联盟 $S=\{i_1,i_2,\cdots,i_s\}$，有

$$u(\pi(i_1),\pi(i_2),\cdots,\pi(i_n))=v(S)$$

④ 夏普利值（Shapley 值）。

n 人合作博弈 $G_c(N,v)$ 的夏普利值是一个 n 维向量 $\varphi[v]$，满足以下三条公理：

（a）有效性公理：对合作博弈 (N,v) 的任何支柱 T，有

$$\sum_{i\in T}\varphi_i(v)=v(T)$$

（b）对称性公理：对任何置换 π 和 $i\in N$，有

$$\varphi_{\pi(i)}(\pi v)=\varphi_i(v)$$

（c）聚合性公理：对于定义在全体参与人之集 N 的子集上的任何两个特征函数，即具有相同参与人的任何两个博弈，v 和 u，

$$\varphi[v+u]=\varphi[v]+\varphi[u]$$

则满足上述三条公理的 $\varphi(N,v)=(\varphi_1(v),\varphi_2(v),\cdots,\varphi_n(v))$ 就是合作博弈 $G_c(N,v)$ 的夏普利值。根据夏普利值所满足的三条公理，可以证明对每一个 n 人合作博弈，夏普利值是唯一确定的，并且具有下面的线性表达形式

$$\varphi_i(N,v)=\sum_{i\in S\subseteq N}\frac{(|S|-1)!(n-|S|)!}{n!}[v(S)-V(S-\{i\})] \tag{6.8}$$

式中：$|S|$——联盟 S 中的参与人个数；

$\varphi_i(N,v)$——合作博弈中对独立要素 i 效益或贡献的分配值；

$v(S)-V(S-\{i\})$——参与人 i 加入到联盟 $T=S-\{i\}$ 而形成联盟 S 时，为联盟增加的效益。

夏普利值的思想可以从概念的角度来理解。假设参与人按照随机顺序形成联盟，每种顺序发生的概论均相等，均为 $\frac{1}{n!}$。参与人 i 与其前面的（$|S|-1$）人形成联盟 S，参与人 i 对该联盟的边际贡献为 $v(S)-V(S-\{i\})$。由于 $S\backslash\{i\}$ 与 $N\backslash S$ 的参与人排序共有 $(|S|-1)!(n-|S|)!$ 种，因此每种排序出现的概率恰好就是 $\frac{(|S|-1)!(n-|S|)!}{n!}$。可见，参与巨项目合作博弈的独立主体 i 在联盟 S 中的边际贡献的期望得益恰好就是夏普利值。

由于合作博弈的特征函数满足超可加性，从夏普利值的每个分量的表达式和有效性公理，可以发现，向量 $\varphi(N,v)$ 是预分配集 X 中的向量，因此满足集体有理性和个体有理性。而有效性公理保证总效益只分配给对合作有贡献的参与主体。

综上所述，基于夏普利值的巨项目组织联盟效应贡献分配方式既不是平均分配，也不是基于投资成本的比例分配，而是基于各合作伙伴在动态联盟经济效益产生过程中的重要程度来进行分配的一种分配方式，相比较而言该法具有一定的合理性和优越性。夏普利值由于能够用公式给出参与主体的分配形式以及满足个体理性与集体理性原则而被长期使用。然而，有时合作博弈的核心和夏普利值都存在，但是夏普利值却不在核心之中，这对于夏普利值的公平合理性产生了疑问，因此，又有其他的合作博弈的解概念被提出。为此，本书介绍一个可以用线性规划方法求解的合作博弈的另一个解，即合作博弈的核仁。

（3）核仁（nucleolus）。

合作博弈的核仁（nucleolus）是用 n 维空间中的字典序来定义的。

一般而言，巨项目中所有独立主体可能组成的联盟有 $p=2^n-1$ 个，即所有参与人组成的集合 N 的全部子集，这些联盟的效益的函数构成了向量空间 R^p 中的向量。因为公平合理的总效益分配与每个独立主体对联盟集体的贡献密切相关，因此核仁采用了字典序比较的方式来选择可预期效益。

定义 6.13　令 $x=(x_1,x_2,\cdots,x_p)^{\mathrm{T}}$ 和 $y=(y_1,y_2,\cdots,y_p)^{\mathrm{T}}$ 是空间 R^p 中的两个向量，称 x 字典序小于 y，如果存在某个整数 r：$1\leqslant r\leqslant p$，使得

$$x_i=y_i\text{，对}1\leqslant i\leqslant r$$

$$x_r<y_r$$

称 x 按字典序小于 y，记为 $x<\mathrm{L}\,y$，称这个关系为 R^p 上字典序。

为了方便起见，常写 $y>\mathrm{L}\,x$ 以替代 $x<\mathrm{L}\,y$。

记号 $x\leqslant\mathrm{L}\,y$ 表示 $x<\mathrm{L}\,y$ 或者 $x=y$，而没有特别指出这两个关系中的哪一个成立。换言之，$x\leqslant\mathrm{L}\,y$ 是否定了关系 $x>\mathrm{L}\,y$。

下面通过一个空间 R^p 中的向量的字典序比较的例子来加以说明：

例如令 $p=7$，$x=(3, 2, 7, 6, 2, 3, 5)^{\mathrm{T}}$，$y=(3, 3, 5, 8, 2, 5, 2)^{\mathrm{T}}$，向量 x 的第一个分量 $x_1=3=y_1=$ 向量 y 的第一个分量，而向量 x 的第二个分量 $x_2=2$，向量 y 的第二个分量 $y_2=3$，$x_2<y_2$，因此，按照空间 R^p 中的字典序比较向量 x 小于向量 y，即 $x<\mathrm{L}\,y$。

为了使效益分配对所有的参与人和参与人可能组成的各种联盟都尽可能公平合理，人们考虑了超出值的概念。

设 $S \subseteq N$ 为 n 人合作博弈 $G_c(N,v)$ 的一个联盟，在巨项目中，就是一些独立主体所组成的联合体，他们有可能实施一个合作而获得效益 $v(S)$。当然，要求 S 不能是空集，即 $S \neq \varnothing$，$x \in X(G)$ 是一个对全体参与人来说的可预期效益，如果按照 x 来分配总效益的话，那么，对联盟 S 而言，组成它的所有成员获得的全部效益为

$$x(S)=\sum_{i \in S} x_i \tag{6.9}$$

而该联盟中的参与人（巨项目中的独立主体）合作所能获得的机会效益假定为 $v(S)$，因此有

$$e(S,x)=v(S)-x(S) \tag{6.10}$$

式中：$e(S,x)$——联盟在 x 处的超出值（excess）。

超出值 $e(S,x)$ 是联盟中的成员合作时可能获得的机会效益是 $v(S)$ 与他们在巨项目中所分配到的效益之和的差，这可以反映联盟 S 对效益分配方案 x 的满意程度。如果 $e(S,x)$ 大于零并且比较大，显然联盟 S 中的成员在一起讨论效益分配方案 x 时，会认为分配不公平，还不如他们单独行动时的效益好。

对每一个可预期效益 x（满足集体有理性和个体有理性的可分配方案），所有的联盟的超出值 $e(S, x)$一共有 $p=2^n-1$ 个，与联盟数目相同。这 p 个超出值可以看成向量空间 R^p 中的一个向量。

如果在构造这个向量时，将所有的超出值 e(S, x)按递减顺序排列，便得到向量空间 R^p 中的一个 p 维向量 $\theta(x)$。

$$\theta(x)=(\theta_1(x),\theta_2(x),\cdots,\theta_{p1}(x))^{\mathrm{T}}$$

它的分量 $\theta_i(x)$ = 某个 $e(S, x)$，并且满足 $\theta_1(x) \geqslant \theta_2(x) \geqslant \cdots \geqslant \theta_p(x)$。

如果可预期效益 x 能使最大的超出值最小化，再将次大超出值最小化……即把所有联盟的不满意程度都降到最低。那么，该可预期效益 x 作为巨项目的总效益分配方案，所有的独立主体都很难找到较好的理由来反驳，

这就导致了合作博弈中核仁概念，作为合作博弈的解的产生。

这种一系列最小化最大值的问题，被称为字典序最小化问题。

显然，θ可以看成是一个从 Rn 到 $R^{p}_{\gtreqless}$的映射，基于前述理论，合作博弈的核仁（nucleolus），记为 $Nu(G,v)$，可以用集合表示为

$$Nu(G,v)=\{x\in X(G)\mid \theta(x)\leqslant_L \theta(y)$$

对所有的 $y\in X(G)\}$，即核仁 $N_u(G,v)$ 是 $\theta(x)$ 按字典顺序从大到最小的那些分配 x 所组成的集合。

性质：合作博弈的核仁是单点集，其解必定唯一且可行、有稳定性，且如果博弈的核心 $C(v)$非空，则 $Nu(v)\subseteq C(v)$。

由上述可知，核仁就是使超出矢量最小的一种分配，所有合作中有可能结成的联盟在核仁处均有一超出值的定义，故求解核仁解的问题可以通过如下线性规划来实现，即

$$\begin{aligned}&\min\varepsilon\\&\text{s.t.}\begin{cases}\sum\limits_{i\in S}x_i+\varepsilon\geqslant v(S)\\\sum\limits_{i\in N}x_i=v(N)\end{cases}\end{aligned}\tag{6.11}$$

式中：ε——任意小实数；

N——所有参与人集合；

S——N 的所有非空子集。

6.3.5 实例分析

现考虑一个只有三方合作的巨项目组织联盟效益贡献分配问题，它的合作博弈模型描述如下

$$G_c(3,v)=\{S_1,S_2,S_3;b_1,b_2,b_3;v_1,v_2,v_3\}$$

$$v_i=f_i(S_1,S_2,S_3;b_1,b_2,b_3)$$

参与人集合 $N=\{1,2,3\}$，比如参与人 1 和 2 分别代表两个不同的地区，参

与人 3 代表中央政府，该项目仅仅是两个地区合作不可能成功，必须要有中央政府参加。中央政府可以选择地区 1 或地区 2 进行合作，也可以同时与两个地区合作。

当中央政府与两个地区合作时，假设博弈的 (0,1) -标准化形式是

$$v(\{1,3\}) = v(\{2,3\}) = v(\{1,2,3\}) = 1$$

$$v(S) = 0 \text{，对其他的联盟 } S$$

那么，运用巨项目组织联盟合作博弈方法的夏普利值法可以分别求出合作各方的效益，具体计算过程如下

$$\varphi_1(v) = \frac{0!2!}{3!}[v(\{1\}) - 0] + \frac{1!1!}{3!}[v(\{1,2\}) - v(\{2\})] + \frac{1!1!}{3!}[v(\{1,3\}) - v(\{3\}) +$$

$$\frac{2!0!}{3!}[v(\{1,2,3\}) - v(\{2,3\})] = \frac{1}{6}$$

$$\varphi_2(v) = \frac{0!2!}{3!}[v(\{2\}) - 0] + \frac{1!1!}{3!}[v(\{1,2\}) - v(\{1\})] + \frac{1!1!}{3!}[v(\{2,3\}) - v(\{3\}) +$$

$$\frac{2!0!}{3!}[v(\{1,2,3\}) - v(\{1,3\})] = \frac{1}{6}$$

$$\varphi_3(v) = \frac{0!2!}{3!}[v(\{3\}) - 0] + \frac{1!1!}{3!}[v(\{1,3\}) - v(\{1\})] + \frac{1!1!}{3!}[v(\{2,3\}) - v(\{2\}) +$$

$$\frac{2!0!}{3!}[v(\{1,2,3\}) - v(\{1,2\})] = \frac{2}{3}$$

则该合作博弈的夏普利值计算出来的结果为：

$$\varphi_1(v) = \frac{1}{6}\text{，}\ \varphi_2(v) = \frac{1}{6}\text{，}\ \varphi_3(v) = \frac{2}{3}$$

实例分析结果表明：如果不进行该项目，大家的效益都是 0。三方合作进行该项目的总效益是 1，由于必须要有中央政府参加才能成功，所以，总效益的大部分（2/3）按照夏普利值来分配应该归中央政府获得。

6.4 巨项目组织联盟的合作博弈机理分析

巨项目组织联盟的一个典型特征就在于竞争与合作并存，竞争是手段，反映出各合作伙伴在追求自身利益最大化时所表现的利益冲突;合作是目标，反映出各合作伙伴对共同利益的认识。巨项目组织联盟参与主体的获利动机会促使各合作伙伴求同存异，通过有效磋商协调彼此的策略，最终达到共同认可的具有约束力的协议，分享合作带来的收益。并建立一个利益平衡机制，使得合作中获益较少的伙伴确信暂时的获益受损可以从长期稳定的合作中得到补偿，而获益较高的伙伴会自愿在某些方面为其他伙伴的利益承诺一定的让步。换言之，就长期来看，一种稳定的合作关系会使得所有合作伙伴可以分配到公平合理的效益贡献。有鉴于此，可以运用合作博弈论的方法，将巨项目组织联盟的形成视为参与伙伴之间的一个合作博弈，以进一步揭示巨项目组织合作协调的内在机理。

命题 6.1 参加巨项目组织联盟的各合作伙伴效益的提高，至少要等于由于参加合作而引起的各合作伙伴的直接效益损失。

命题 6.2 如果 $S\subseteq S'$，i 不能同时参加合作联盟 S 和 S'，则 i 参加联盟使联盟 S'收益的增加量要大于 i 参加联盟 S 而使联盟收益的增加量。

定义 6.14 合作伙伴对联盟 S 效益的边际贡献为 $[v(S)-v(S\setminus i)]$，其中 $v(S\setminus i)$ 为 i 不是联盟 S'的伙伴时联盟 S 的效益。

定义 6.15 对 $S\subseteq S'$，如果 i 参加联盟 S'的边际贡献大于 i 参加联盟 S 的边际贡献，即

$$v(S')-v(S'\setminus i)\geqslant v(S)-v(S\setminus i)$$

则称合作博弈 $G_c(N,v)$ 是凸的。

根据命题 6.2 可知，巨项目组织联盟的合作博弈 $G_c(N,v)$ 为凸博弈，于是，由基于夏普利法的合作博弈方法可以得出结论：巨项目组织联盟合作博弈的核心非空，并且合作带来的收益的分配方案位于该博弈的核心中。

引理 6.1（张朋柱等，2006；胡珑瑛、唐志新，2008）[233, 242] 对效用可转移的合作博弈 $G_c(N,v)$，如果 $\forall i,j\in N$，存在固定的数值 g_j^i，使得对所有

$S \subseteq N$ 和所有的 $i \notin S$，均有

$$v(S \cup \{i\}) = v(S) + v(i) + \sum_{j \in S} (g_i^j + g_j^i) \quad (6.12)$$

则夏普利值为

$$\varphi_i(N,v) = v(i) + \frac{1}{2} \sum_{j \in S} (g_i^j + g_j^i) .$$

为了分析方便起见，假定参与巨项目组织联盟的全体伙伴之间的合作行为对非合作伙伴没有影响，伙伴对非伙伴的政策在参与合作前后保持一致。于是，可以定义如下形式的特征函数：

$$v(S) = \sum_{i \in S} \{R_0^i + \sum_{j \in N} K_j^i - \sum_{j \notin S} \delta_j^i + \sum_{j \notin S} \pi_j^i\} \quad (6.13)$$

式中：$\sum_{i \in S} R_0^i$ ——合作之前各伙伴各自的保留效用；

$\sum_{i \in S} \sum_{j \in N} K_j^i$ ——形成联盟 N 时联盟 S 全体伙伴获益的总和；

$\sum_{i \in S} \sum_{j \notin S} \delta_j^i$ ——未参加联盟 S 的伙伴（但仍在 N 内）对 S 造成的收益损失；

$\sum_{i \in S} \sum_{j \notin S} \pi_j^i$ ——联盟 S 的伙伴倘若与联盟 S 之外的其他伙伴（N 内的）合作可能获得的收益。

与命题 6.1 的论证相似，对 $h \notin S$，有

$$v(S \cup \{h\}) = v(S) + v(h) + \sum_{j \notin S} [(\delta_h^j - \pi_h^j) + (\delta_j^h - \pi_j^h)] \quad (6.14)$$

令 $h = i$，并定义 $g_i^j = \delta_i^j - \pi_i^j$，$g_j^i = \delta_j^i - \pi_j^i$，则

$$\begin{aligned} \varphi_i(N,v) &= R_0^i + \sum_{j \in N} K_j^i - \sum_{j \neq i} \delta_j^i + \sum_{j \neq i} \pi_j^i + \frac{1}{2} \sum_{j \neq i} [(\delta_i^j - \pi_i^j) + (\delta_j^i - \pi_j^i)] \\ &= R_0^i + \sum_{j=1}^{n} K_j^i + \frac{1}{2} \sum_{j=1}^{n} [(\pi_j^i - \delta_j^i) - (\pi_i^j - \delta_i^j)] \end{aligned}$$

于是，得到如下定理

定理 6.1 对于巨项目组织联盟合作博弈 $G_c(N,v)$，夏普利值由下式给出

$$\varphi_i(N,v)=R_0^i+\sum_{j=1}^{n}K_j^i+\frac{1}{2}\sum_{j=1}^{n}[(\pi_j^i-\delta_j^i)-(\pi_i^j-\delta_i^j)]\,,\qquad i=1,2,\cdots,n$$

（6.15）

如果结成联盟 N 但没有发生效用转移，则合作伙伴 i 的获益为

$$\varphi_i(N,v)=R_0^i+\sum_{j=1}^{n}K_j^i\,,\qquad i=1,2,\cdots,n \tag{6.16}$$

由式（6.15）和式（6.16）可知：每个伙伴参与合作的收益等于合作但没有效用（收益）转移时的收益加上相互合作时的收益之差的一半，式（6.15）和式（6.16）之差就是执行夏普利值分配时的效用（效益）转移量。于是，在上述模型假定的条件下，得到如下命题：

命题 6.3 巨项目有效大系统和独立要素的所有利益相关者（巨项目合作伙伴）均参与合作时，位于核心的夏普利利益分配矢量给每个伙伴的利益补偿量为

$$T_i=\frac{1}{2}\sum_{j=1}^{n}[(\pi_j^i-\delta_j^i)-(\pi_i^j-\delta_i^j)]\,,\qquad i=1,2,\cdots,n \tag{6.17}$$

对任意伙伴 i，j，π_j^i 是指 i 不与 j 合作（与其他伙伴合作）的收益，δ_j^i 是指 i 不与 j 合作造成的损失，故 $(\pi_j^i-\delta_j^i)$ 是 i 不与 j 合作的净收益；同理，$(\pi_i^j-\delta_i^j)$ 是 j 不与 i 合作的净收益。

因此，补偿给 i 的总收益或从 i 之处取出补偿其他伙伴的总的净收益（即 T_i 值可正可负），就是 i 与其他合作伙伴全部净收益之差的和。基于式（6.17），给出的建议是：任意比较两方的利益补偿量，从不合作中获益较多的伙伴应从获益较少的伙伴那里得到利益补偿（$T_i<0$ 或者 $T_i>0$），而这与巨项目组织联盟的合作目标背道而驰。鉴于此，在合作中获益较多的伙伴应给获益较少的伙伴一定量的补偿，只有这样才能有望达成合作协议，同时获益伙伴在补偿受损伙伴后的获益应该仍然比参加合作前有所提高。

如果所有伙伴均参与合作但没有收益转移发生，则有

$$v(S)=\sum_{i\in S}\{R_0^i+\sum_{j\in N}K_j^i\}\,,\qquad S\subseteq N \tag{6.18}$$

比较式（6.13）和式（6.18），则有

命题 6.4 没有收益转移发生的合作（全体伙伴均参加）位于核心的充分必要条件是：

$$\sum_{i\in S}\{R_0^i+\sum_{j\in N}K_j^i\}\geqslant\sum_{i\in S}\{R_0^i+\sum_{j\in N}K_j^i-\sum_{j\notin S}\delta_j^i+\sum_{j\notin S}\pi_j^i\} \tag{6.19}$$

或者

$$\sum_{i\in S}\sum_{j\notin S}\delta_j^i\geqslant\sum_{i\in S}\sum_{j\notin S}\pi_j^i \tag{6.20}$$

当各伙伴情况相同（例如，偏好和开发建设成本相同），则式（6.19）和式（6.20）可以简化为

$$s(s-n)\delta\geqslant s(n-s)\pi$$

因此，当发展水平相同（或几乎相同）的伙伴之间进行合作时，不需要收益转移。

应当说明的是，在实际的巨项组织联盟合作伙伴合作过程中，由于影响各伙伴对各自利益认识的因素较多，式（6.17）的收益转移量要与其他形式的补偿方式配合使用方能有效。

6.5 本章小结

巨项目获得成功的关键是要协调好巨项目众多参与主体的关系，确保合作伙伴持续合作，而合作的前提就是公平合理地分配由各参与方所产生的效益。合作博弈将公平合理的原则用数学方式来表达，通过设置表示公平合理的数学条件，将适合一定条件的解作为效益分配方案，从而解决了巨项目组织联盟中的总效益公平合理地分配问题。合作博弈的各种解，如核心、夏普利值、核仁等，正是从数学的角度，解决了巨项目参与者公平合理分配效益的问题。

本章在合作博弈的理论演进分析、合作博弈与非合作博弈的基本概念阐

释、合作博弈的基本概念及定义介绍的基础上，运用合作博弈的理论方法，构建了巨项目有效大系统与独立要素合作协调的模型，并且介绍了基于合作博弈的巨项目效益贡献合理分配理论（TRABC 理论），用于刻画求解巨项目有效大系统与独立要素联盟的贡献和效应分配情况。基于合作博弈的模型求解问题，本书还阐释了三种合作博弈的解，即核心、夏普利值、核仁。进而，著者分析了巨项目组织联盟的合作博弈机理，为定量解决巨项目组织联盟的合作协调问题提供了新思路、新方法和新启示。

7 利益均沾理念下巨项目组织联盟利益协调研究

就巨项目组织而言，研究如何站在各方利益结合点上考虑问题、谋划工作，远比研究巨项目建设管理的技术问题更重要。巨项目组织联盟作为一个利益共同体，而其合作主体为不同的利益主体，尽管处在这个利益共同体之中，他们的利益诉求时常不尽相同。他们追求的最终目标都是利益最大化，即有效体现集体理性和个体理性的要求。然而，集体理性的实现需要建立在个体理性满足的基础之上，换言之，确保巨项目组织联盟的有效运行的重要前提就在于，组成联盟的合作主体在相互协作过程中对联盟整体的预期收益进行公平合理的分配。

巨项目组织联盟利益协调的内容主要包括两个层面：一是，共同合作所产生的收益如何在合作主体之间有效分配；二是，合作中所产生的成本和风险如何在各合作主体中实现合理分摊。只有处理好这两个层面的内容，才能确保巨项目组织联盟合作获得成功并实现利益最大化。因此，巨项目组织联盟利益协调的关键就在于寻求一种公平、合理的制度安排使得利润、费用及风险在各合作主体之间进行分配。有鉴于此，本书在前述基于合理博弈理论的巨项目利益分配方法的理论基础上，运用基于利益均沾的思维构建巨项目组织联盟的利益协调机制，以期为促进巨项目组织协调运行与发展提供有益的理论启示与方法参考。

7.1　巨项目组织联盟利益均沾的内涵及其数量刻画

7.1.1　巨项目组织联盟利益均沾的内涵

“利益均沾”从字面上而言是指有好处，大家都有一份，也即平等合理地取得各自应有的利益。对于巨项目组织联盟而言，一方面，其涉及来自不同利益集团的企业单位、政府机构、社会团体等，这些参与主体通过合作协调共同创造了巨项目组织联盟的整体利益，因而组织联盟的整体利益必须归各合作主体所占有。另一方面，由于各个参与主体作为理性经济人，逐利的本性决定了其参与合作博弈的可能，并设法从组织联盟整体利益中尽可能为自己分得更多的个体利益。然而，这种“利益均沾”的思想并不是所谓的效益或者贡献的平均分摊，而是需要基于风险与收益相对应，兼顾效率与公平进行公平合理的利益分配。

以南水北调东线工程为例，其建设成败在很大程度上取决于有效大系统和独立要素之间的利益协调。这种利益协调需要解决跨区域企业、政府机构、社会公众、人民团体的多重利益博弈，主要表现为两方面：一是，中央与地方之间的利益协调，对于地方来说，由于需承担治污、征迁、建设等诸多艰巨任务，总希望中央能够多一些经济补偿或政策扶持。对于中央而言，则需要严格控制项目建设投资。二是，行业之间的利益协调。如征地拆迁，由于国有企业多实行条条管理，而地方政府则是块块管理，因此当征迁遭遇电力、通信等单位时，往往协调难度较大。而且从成本出发，此类行业的补偿要求往往较高。在南水北调东线工程的利益博弈之中，各个合作主体看似受益或者受损明显。但细究而言，看似利益受损方的东线调水区也会受益，比如向苏北供水以及具防洪功能的补偿工程；作为受益方的北方受水区，也承担着繁重的治污任务。

总而言之，巨项目组织联盟中的多重利益博弈特征使得组织联盟中的各个参与主体在利益平衡协调进程中，既可能是利益受益者，也可能是利益受损者，并且导致每个涉利主体都无法独自把握自己的利益。这种无把握，反过来要求各方找到能共同把握的“最大公约数”，以兼顾效率和公平，并充分保障各方利益的平衡和合理的补偿,这就表现为巨项目组织的利益均沾性(即把握参与主体共同利益的最大公约数),以确保不同涉利主体实现经济利益、环境利益、社会利益的统筹兼顾。

7.1.2 巨项目组织联盟利益均沾内涵的数量刻画

由于巨项目涉及区域广、参与主体多,为此常常会表现为在某个阶段一方获利,另一方受损的情况,但绝对不能出现全部项目完成后一方获得利益而另一方不获得利益的情况。巨项目组织联盟的利益均沾内涵可以这样数学刻画:对任意合作伙伴 i,若其获得利益 $v_i = 0$,则其他合作伙伴 j 的利益 $v_j = 0$;若任意合作伙伴 i 的利益 $v_i > 0$,则其他合作伙伴 j 的利益 $v_j > 0$。此外,合作伙伴的利益均沾分配需要同时满足以下三个不等式:

$$\frac{\partial v_i}{\partial W_i} > 0$$

$$\frac{\partial v_i}{\partial I_i} > 0$$

$$\frac{\partial v_i}{\partial R_i} > 0$$

式中:W_i——第 i 个伙伴对巨项目组织联盟的重要程度系数;

I_i——第 i 个伙伴对巨项目组织联盟的投入系数;

R_i——第 i 个伙伴对在巨项目组织联盟中承担的风险系数。

这三个不等式表明巨项目组织联盟合作伙伴利益均沾分配不仅需要考虑合作伙伴在组织联盟中所起的作用(重要程度),而且还需要考虑合作伙伴在组织联盟中所投入的资源数量和承担的风险大小。合作伙伴的重要程度系数越大、投入的资源数量越多、承担的风险越大,则其在组织联盟中获得的利益份额就越多。

综上所述,运用利益均沾的思想进行利益分配显得尤为重要。巨项目组织联盟的利益均沾内涵可以采用利益主体的最大共同利益效用函数加以刻度,其表达式如下:

$$\max f(v_1,v_2,\cdots,v_n)$$
$$\text{s.t.}\begin{cases}\dfrac{v_1}{f(v_1,v_2,\cdots,v_n)}=b_1\\\dfrac{v_2}{f(v_1,v_2,\cdots,v_n)}=b_2\\\cdots\cdots\\\dfrac{v_n}{f(v_1,v_2,\cdots,v_n)}=b_n\end{cases}\tag{7.1}$$

式中：$v_1,v_2,\cdots,v_n$ 分别表示巨项目组织中各个利益主体的利益效用；$f(v_1,v_2,\cdots,v_n)$ 表示巨项目组织各个利益主体的最大共同利益效用；$b_1,b_2,\cdots,b_n$ 分别表示正整数，如果是非正整数，则取整计算。

7.2 利益均沾理念下巨项目组织联盟利益协调的平行四边形矢量合成法则

在巨项目组织联盟的运行过程中，鉴于联盟的各涉利主体目标不尽一致，倘若利益协调制度设计不当，将很可能导致结盟主体的个体利益偏离巨项目组织联盟的整体利益方向。考虑到巨项目组织的输入系统和输出系统不是简单的线性比例关系，故不能简单地将巨项目组织中各个子系统的利益效用叠加求和，即不符合线性叠加的工作属性。巨项目各个参与主体的合作利益效用也不是利益效用函数的简单相加，而是更为复杂微妙，在很多时候要让各个不同主体的合作协调产生聚变，并体现利益均沾与利益协同的理念。例如，在巨项目组织联盟与涉利主体的协调过程中，假定每个涉利主体的效用均为1，那么10个参与主体的合作结果有时比10大得多，而有时甚至比1小，这是因为构成巨项目组织联盟的各个参与主体不是静止、单向的动物，而更像方向各异的能量，相互合作推动时自然事半功倍，相互抵触时则一事无成。当然，这也表明巨项目组织联盟整体利益会在很大程度上受到各涉利主体协调效果的制约和影响，组织联盟整体利益的最大化取决于各涉利主体利益方向的偏离程度。

基于上述分析，在利益均沾与利益协同的宏观理念指导下，本书借鉴静力学中的力的平行四边形合成法则来分析巨项目组织联盟利益协调机制的目标，并提出基于利益均沾的巨项目组织联盟利益协调的平行四边形（多边形）矢量合成法则，其原理如下。

考虑只有两个参与主体组成的组织联盟的情形。设参与主体 1、2 的个体利益分别为 $\boldsymbol{v}_1$，$\boldsymbol{v}_2$，设参与主体 1，2 组成联盟的合成利益为 $\boldsymbol{v}_R$，则合成利益 $\boldsymbol{v}_R$ 用矢量式表示为

$$\boldsymbol{v}_R = \boldsymbol{v}_1 + \boldsymbol{v}_2 .$$

两个参与主体组成的组织联盟利益的合成关系如图 7.1 所示。

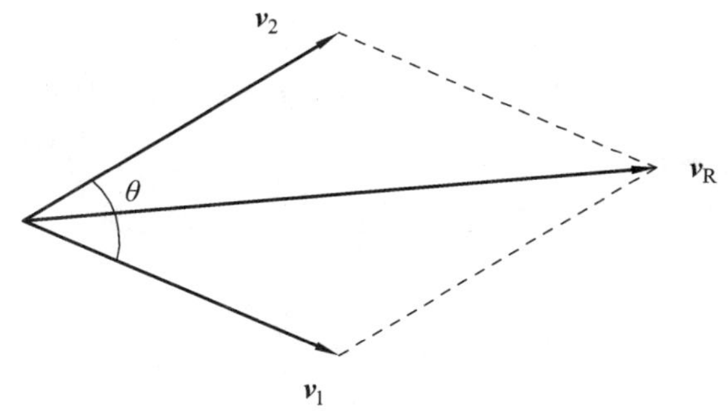

图 7.1　巨项目组织联盟利益合成的平行四边形法则

据图 7.1 可知，$\boldsymbol{v}_1$，$\boldsymbol{v}_2$ 与 $\boldsymbol{v}_R$ 的关系有以下三种情形：

（1）当 $\theta = 180°$，此时 $\boldsymbol{v}_R$ 的代数值最小，有 $\boldsymbol{v}_R = \pm(\boldsymbol{v}_1 - \boldsymbol{v}_2)$；

（2）当 $\theta = 0°$，此时 $\boldsymbol{v}_R$ 的代数值最大，有 $\boldsymbol{v}_R = \boldsymbol{v}_1 + \boldsymbol{v}_2$；

（3）当 $0 < \theta < 180°$，此时 $\boldsymbol{v}_R$ 的代数值有 $\pm(\boldsymbol{v}_1 - \boldsymbol{v}_2) < \boldsymbol{v}_R < \boldsymbol{v}_1 + \boldsymbol{v}_2$。

从图 7.1 中可以发现，当 $\boldsymbol{v}_1$，$\boldsymbol{v}_2$ 在一定的前提下，要使组织联盟的合成利益为 $\boldsymbol{v}_R$ 增加，则 $\boldsymbol{v}_1$，$\boldsymbol{v}_2$ 之间的夹角 θ 应降低。

只有两个参与主体组成的组织联盟的情形下利益协调的平行四边形矢量合成规律，可以进一步推广到 n 个参与主体组成的组织联盟的情形。当由 n 个参与主体组成的组织联盟时，此时设参与主体 1，2，…，n 组成联盟的合成利益为 $\boldsymbol{v}_R$，则合成利益 $\boldsymbol{v}_R$ 用矢量式表示为

$$\boldsymbol{v}_R = \boldsymbol{v}_1 + \boldsymbol{v}_2 + \cdots + \boldsymbol{v}_n = \sum_{i=1}^{n} \boldsymbol{v}_i \tag{7.2}$$

因此，基于巨项目组织联盟利益协调的平行四边形（多边形）矢量合成法则，不仅可以作为巨项目组织联盟利益协调设计的目标，即在确保组织联盟整体利益最大化并合理保障各参与主体利益的前提下，尽可能地减少参与主体利益方向偏离的程度，也即降低图 7.1 中 $\boldsymbol{v}_1$，$\boldsymbol{v}_2$ 之间的夹角 θ。

7.3 利益均沾理念下巨项目组织联盟利益协调的基本原则

巨项目组织联盟的构建需要建立在共同的利益基础之上，组织联盟中各参与主体的合作关系从本质上而言是一种为追求经济利益而形成的契约合作关系，利益是各参与主体相互参与合作的基础。为此，基于利益均沾的思维构建巨项目组织联盟的利益协调机制应遵循一定的原则，具体如下。

7.3.1 利益与风险对称原则

在巨项目组织联盟中，各参与主体所获得的利益必须充分考虑其所承担的风险，所获得的利益应与承担的风险相一致，且利益分配的比例，取决于风险分担的比例。要遵循“高风险高收益”的原则，避免“高风险低收益”或“低风险高收益”的格局产生。

7.3.2 公平兼顾效率原则

巨项目组织联盟的经济利益源自于所有合作伙伴的协同工作和密切配合。在强调组织联盟利益公平分配的同时，也应充分兼顾效率原则。一方面，过分强调公平会影响优秀的、高效的合作伙伴的积极性，降低其生产效率；另一方面，过分强调效率将可能导致组织联盟利益分配难以实现公平。因此，巨项目组织联盟的利益协调必须在公平和效率之间寻求一个平衡点，即遵循公平兼顾效率原则，以确保收益的分配不仅要让各合作伙伴“有利而图”，还要保证各合作伙伴能够“多劳多得”。

7.3.3 平等互利原则

平等互利原则主要包括两个层面的意思：一是，巨项目组织联盟的每一个合作伙伴，无论其规模大小、实力强弱，其在合作协调中的地位以及对利益诉求的权利是平等的。每个合作伙伴都要根据自己在组织联盟中所承担的风险大小、所投入的资源多寡来索取利益；二是，应尽可能使得每个结盟主体的自身利益得到充分保证，且不会影响结盟主体的积极性。否则易使联盟合作失败或者破裂。

7.3.4 利益结构最优原则

利益结构最优原则，是指从巨项目组织联盟组建的现实情况出发，充分考虑各种影响因素并确定利益分配的最优比例结构，从而促使各结盟主体积极实现协调发展，并达到和谐共生的合作状态。

7.3.5 和谐共赢原则

巨项目组织联盟持续运行的目标，在于实现所有参与主体的和谐共赢。当某一合作主体所获得的利益等于零，则其他合作主体的利益分配也应等于零；当某一合作伙伴得到的利益分配大于零，则其他合作伙伴的利益分配也应大于零。要保证巨项目组织联盟的稳定性，必须确保加入组织联盟后从联盟中获取的利益分配不低于不加入联盟时的利益，只有这样，才能形成并维系巨项目组织联盟的合作信任关系。

7.4 利益均沾理念下巨项目组织联盟利益博弈的修正模型

7.4.1 巨项目组织联盟合作博弈的夏普利值法

根据第 6 章的相关内容，可知对巨项目组织联盟的 n 人合作博弈的效益和贡献合理分配问题，可运用夏普利值法求解，具体求解公式为

$$\varphi_i(N,v)=\sum_{i\in S\subseteq N}\frac{(|S|-1)!(n-|S|)!}{n!}[v(S)-V(S-\{i\})] \tag{7.3}$$

式中：$|S|$——联盟 S 的参与人个数；

$\varphi_i(N,v)$——合作博弈对参与主体 i 效益或贡献的分配值；

$v(S)-V(S-\{i\})$——参与主体 i 加入到联盟 $T=S-\{i\}$ 而形成联盟 S 时，为联盟增加的效益。

然而，尽管运用夏普利值法可以有效解决了巨项目组织联盟的总效益分配问题,但注意到夏普利值法的前提是假设各合作主体的投入和风险均相等，而现实情况并非如此。为此，有必要基于利益均沾的思想，并遵循利益与风险相对称等原则，综合考虑各参与主体的投入与风险因素，对联盟利益博弈的夏普利值法加以修正完善。

7.4.2 投入因子的确定

巨项目组织联盟中各合作伙伴的投资额包括，合作伙伴为组织联盟做出贡献的所有资源投入，具体包括启动资金、人力资本价格及融资成本等。在考虑各个合作伙伴的资源投入时，需要考虑各资源的相对重要性。假设巨项目组织联盟中有 n 个参与主体，共投入 m 种资源，设 a_{ij} 为参与主体 i 投入资源 j 的市场实际价值，w_j 为资源 j 在组织联盟价值创造中的重要性。由于各个参与主体都会从理性经济人的角度出发，声称自己投入的资源对于组织联盟是最重要的。因而，w_j 的确定可以采取参照类似工程法或者通过专家评分法给出。则参与主体 i 对组织联盟投入资源的实际价值为 $\sum_{j=1}^{m}a_{ij}w_j$，因而参与

主体 i 在组织联盟中资源投入因子 FI_i 的计算表达式为

$$FI_i = \frac{\sum_{j=1}^{m} a_{ij} w_j}{\sum_{i=1}^{n}\sum_{j=1}^{m} a_{ij} w_j}. \tag{7.4}$$

7.4.3 风险因子的确定

由于巨项目建设实施周期长、参与主体多、界面协调难度大、影响范围广，以致巨项目组织联盟的合作伙伴需要承担的风险种类繁多。为简化分析过程，本书只考虑对利益协调有着重要影响的三类风险：市场风险（ R_1 ）、技术风险（ R_2 ）和合作风险（ R_3 ）。一般而言，市场风险不可避免，技术风险需要根据各参与主体自身的状况来规避或者减弱，合作风险是组织联盟中客观存在的。倘若各参与主体都能按照预先的约定履行各自的工作职责，且能本着互信互利的理念协同工作，则合作风险可以有效降低。为表征各参与主体风险因子的大小，本书运用模糊综合评判法加以评价。令 r_{ij} 表示参与主体 i（$i=1$，2，…，n）受到的第 j（$j=1$，2，3）种风险，由 k 人组成的专家组，令其权重为 $\alpha=(\alpha_1,\alpha_2,\cdots,\alpha_k)$，专家对参与主体 i 承担的各风险影响程度的判断用如下矩阵表示：

$$r_{k\times 3}^i = \begin{bmatrix} r_{11}^i & r_{12}^i & r_{13}^i \\ r_{21}^i & r_{22}^i & r_{23}^i \\ \vdots & \vdots & \vdots \\ r_{k1}^i & r_{k2}^i & r_{k3}^i \end{bmatrix} \tag{7.5}$$

则参与主体 i 的风险矩阵为

$$R_i = (R_{i1}, R_{i2}, R_{i3}) = \alpha \times r_{k\times 3}^i = (\alpha_1, \alpha_2, \cdots, \alpha_k)\begin{bmatrix} r_{11}^i & r_{12}^i & r_{13}^i \\ r_{21}^i & r_{22}^i & r_{23}^i \\ \vdots & \vdots & \vdots \\ r_{k1}^i & r_{k2}^i & r_{k3}^i \end{bmatrix} \tag{7.6}$$

据此可以计算出参与主体 i 的风险因子 FR_i，其计算公式为

$$FR_i = 1-(1-R_{i1})(1-R_{i2})(1-R_{i3}), \quad (i=1, 2, \cdots, n)$$

将 FR_i 进行归一化处理，有

$$FR_i' = \frac{FR_i}{\sum_{i=1}^{n} FR_i} \tag{7.7}$$

7.4.4 巨项目组织联盟利益博弈的修正模型——基于夏普利值法和投入风险因子的组合分析法

鉴于前述计算确定的投入因子和风险因子对利益分配的影响表现为同向的关系，因此，可以将 FI_i，FR_i' 整合成一个因子 F_i 以表示不同参与主体在组织联盟中的作用地位。

因子整合具体方法为：采用专家咨询法给出资源投入和风险因素对组织联盟利益协调的影响程度，其大小记为 λ，$(1-\lambda)$，运用非线性规划方法求出表征参与主体 i 在组织联盟中的作用地位因子 F_i，具体计算过程为

$$\begin{aligned} &\min z = \lambda\sum_{i=1}^{n}(F_i - FI_i)^2 + (1-\lambda)\sum_{i=1}^{n}(F_i - FR_i')^2 \\ &\text{s.t.} \sum_{i=1}^{n} F_i = 1, \quad 0 \leqslant F_i \leqslant 1 \end{aligned} \tag{7.8}$$

然后，令投入和风险因子整合的利益分配比例与平均分配比例的差值为 ΔF_i，则有

$$\Delta F_i = F_i - \frac{1}{n} \tag{7.9}$$

$$\sum_{i=1}^{n} \Delta F = 0 \tag{7.10}$$

当 $\Delta F_i > 0$ 时，则表明巨项目组织联盟各参与主体 i 在实际合作投入的资源和承担的风险比理想情形下要高，故应给予它更多的利益分配，相应地其利益增值为 $\Delta v_i = \Delta F_i v(N)$。则此时巨项目组织联盟参与主体的实际收益修正计算模型为

$$v(i)=\varphi_i(v)+\Delta F_i v(N) \tag{7.11}$$

同理，当 $\Delta F_i<0$ 时，则表明巨项目组织联盟各参与主体 i 在实际合作投入的资源和承担的风险比理想情形下要低，故应给予它更少的利益分配，相应地其利益减值为 $\Delta v_i=|\Delta F_i|v(N)$，则此时巨项目组织联盟参与主体的实际修正计算模型为

$$v(i)=\varphi_i(v)-|\Delta F_i|v(N) \tag{7.12}$$

7.5　实例分析

7.5.1　基于联盟利益博弈修正模型的巨项目组织联盟利益分配计算

本计算实例涉及的相关基础数据来源于《第六章——基于合作博弈的巨项目组织联盟合作协调模型》中的分析实例。假设通过专家评分法确定出参与主体 1（地区一）、参与主体 2（地区二）、参与主体 3（中央政府）对巨项目组织联盟的资源贡献的投入因子向量为

$$FI=(FI_1,FI_2,FI_3)^{\mathrm{T}}=(0.282,0.264,0.454)^{\mathrm{T}} \tag{7.13}$$

然后，通过模糊综合评判法及专家打分计算确定出参与主体 i 的风险因子，并进行归一化处理，则可计算出巨项目组织联盟参与主体的风险因子向量为

$$FR_i'=(FR_1',FR_2',FR_3')^{\mathrm{T}}=(0.267,0.521,0.212)^{\mathrm{T}} \tag{7.14}$$

在此基础上，运用专家咨询法对熟悉巨项目组织联盟的专家，确定出投入因子和风险因子对利益分配的影响程度分别为 0.55，0.45。

据此，可以巨项目组织联盟利益博弈修正模型，进行因子整合，计算出各个参与主体的投入和风险对组织联盟的作用程度，具体计算过程为

$$\begin{aligned}\min z=&0.55[(F_1-0.282)^2+(F_2-0.264)^2+(F_3-0.454)^2]+\\&0.36[(F_1-0.267)^2+(F_2-0.521)^2+(F_3-0.212)^2]\\ \text{s.t.}\ \ &F_1+F_2+F_3=1,\ 0\leqslant F_1\leqslant 1,\ 0\leqslant F_2\leqslant 1,\ 0\leqslant F_3\leqslant 1\end{aligned} \tag{7.15}$$

运用 LINDO6.1 软件分析工具，通过非线性规划求解计算得出各个参与主体对组织联盟投入和风险的作用因子向量，即有

$$F=(F_1,F_2,F_3)^{\mathrm{T}}=(0.275,0.380,0.345)^{\mathrm{T}} \tag{7.16}$$

将求出的各参与主体的资源风险作用因子向量，对巨项目组织联盟合作博弈的夏普利值进行调整，可以计算求出参与主体 1，2，3 在组织联盟中的修正利益分配结果，分别为

$$v(1)=\varphi_1(v)+F_1-\frac{1}{3}=\frac{1}{6}+0.275-\frac{1}{3}=0.1083 \tag{7.17}$$

$$v(2)=\varphi_2(v)+F_2-\frac{1}{3}=\frac{1}{6}+0.380-\frac{1}{3}=0.2133 \tag{7.18}$$

$$v(3)=\varphi_3(v)+F_3-\frac{1}{3}=\frac{2}{3}+0.345-\frac{1}{3}=0.6783 \tag{7.19}$$

7.5.2 模型结果比较分析

基于上述计算分析结果，将进一步考察用于计算巨项目组织联盟利益协调分配的五种方法：基于投入因子的联盟利益分配法、基于风险因子的联盟利益分配法、基于投入与风险的整合因子联盟利益分配法、基于夏普利值的联盟利益分配法和基于综合修正模型的联盟利益分配方法。对于巨项目组织联盟中各个参与主体的利益分配结果的差异情况，运用这五种方法进行比较分析，模型比较分析结果分别如表 7.1 和图 7.2 所示。

表 7.1 基于五种方法的巨项目组织联盟参与主体利益分配结果比较

参与主体	投入因子法	风险因子法	投入与风险整合因子法	夏普利值法	综合修正法
参与主体 1	0.282 0	0.267 0	0.275 0	0.166 7	0.108 3
参与主体 2	0.264 0	0.521 0	0.380 0	0.166 7	0.213 3
参与主体 3	0.454 0	0.212 0	0.345 0	0.666 7	0.678 3
合　计	1.000 0	1.000 0	1.000 0	1.000 0	1.000 0

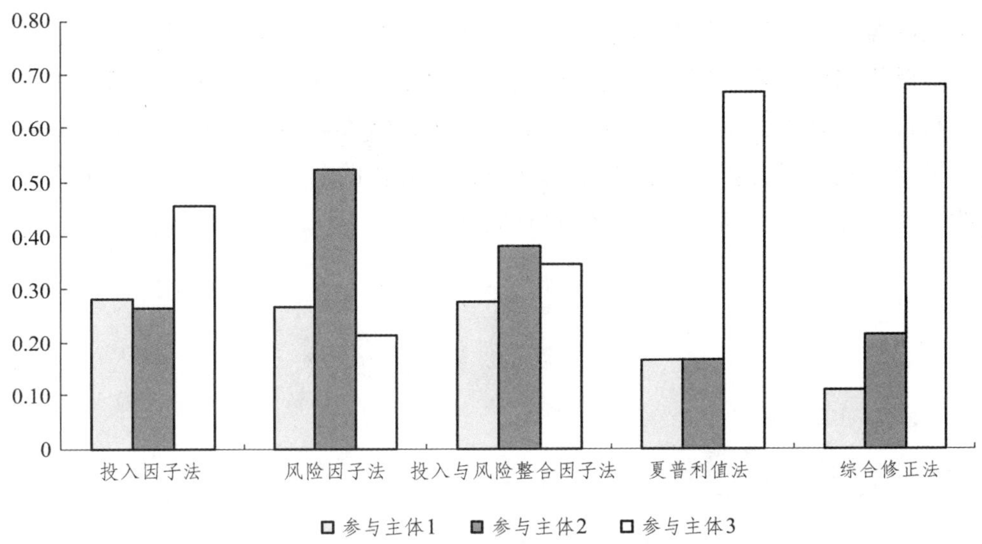

图 7.2 基于五种方法的巨项目组织联盟利益分配结果比较

从图 7.2 中可以看出，按照夏普利值法计算出来的利益分配比例是参与主体 3 最大（0.6667），参与主体 1、2 均为 0.1667；按照风险因子法所分配的利益结果是参与主体 2 最大（0.521），参与主体 3 最小（0.212）；按照综合修正法计算的利益分配结果为参与主体 3 最大（0.6783），其次是参与主体 2（0.2133），参与主体 3 最小（0.1083）。通过对这五种有关联盟利益分配方法计算结果的比较分析，可以得出结论：在利益均沾的理念指导下，统筹公平效率原则，基于夏普利值法与投入风险因子的组合修正方法对于巨项目组织联盟的利益分配是较为公平合理的。此外，实例分析表明该方法计算结果较为客观可靠，具有较强的可行性和有效性。

7.6 本章小结

巨项目组织联盟有效运行的重要前提就在于，组成联盟各合作主体对联盟整体的预期收益实行公平合理的分配。本章首先阐述了巨项目组织联盟利益均沾的内涵（把握参与主体共同利益的最大公约数）及其数量刻画，进而提出了基于利益均沾的巨项目组织联盟利益协调机制设计目标，以及巨项目组织联盟利益协调的平行四边形矢量合成法则，并探讨了巨项目组织联盟利益协调机制的构建原则。在此基础上，构建了基于利益均沾的巨项目组织联盟利益博弈修正模型，并进行模型实例分析，结果表明基于夏普利值法与投入风险因子的组合修正方法对于巨项目组织联盟的利益分配是较为公平合理的，此种方法具有较强的可行性和有效性。

8　促进巨项目组织联盟合作协调的机制设计

合作协调是巨项目组织联盟综合集成管理的核心任务，也是统筹巨项目组织实施目标、统一建设标准、协调多方参与主体利益的关键问题，更是确保巨项目系统持续高效运行的重要支撑。成功的巨项目组织管理必须要构建合理有效的合作协调机制。

巨项目组织联盟合作协调机制不仅是事先主动型的制度设计与制度安排，也是巨项目决策机制、合作机制、沟通机制、激励与约束机制的综合运用，并贯穿于巨项目建设的全生命周期，为巨项目集成管理机制的形成和实施提供基础保障。概括而言，巨项目组织联盟合作协调机制的作用主要体现在：一是，实现巨项目参与主体的合理分工与有效协作；二是，约束与激励参与主体的建设行为，避免由于信息不对称而产生道德风险；三是，有效消除巨项目参与成员的目标冲突、任务冲突、利益冲突、沟通冲突，进而增进合作伙伴的相互信任与理解、提高巨项目有效大系统和独立要素的合作效率；四是，确保巨项目信息传递的实效性、真实性、完备性与畅通性，从而发挥巨项目决策、计划、实施、控制的科学性与有效性。本书在前述有关巨项目组织联盟合作协调理论阐释和模型分析的基础上，尝试理论发散与机制启示，并运用机制设计理论，分别从分配机制、合作机制、利益协调机制、实现机制四个层面综合设计巨项目组织联盟的合作协调机制。

8.1　巨项目组织联盟分配机制设计

定义 8.1　令 N 人组成的联盟 (N,v) 中，如果 $v(\varnothing)=0$， $v(i)=0\ \forall i\in N$，且 $v(N)=1$，则称联盟 (N,u) 为 0-1 规范化联盟。

定义 8.2 令 N 人组成的联盟 (N,v) 中，联盟成员 $i \in N$，如果 $v(N-\{i\})=0$，则称联盟成员 i 拥有否决权。

定理 8.1 设联盟 (N,v) 为 0-1 规范化联盟，满足核心 $C(v)\neq\varnothing$ 当且仅当联盟 (N,v) 中至少有一个成员拥有否决权（周勇，2007）[243]。

证明： 假设联盟 (N,v) 没有成员拥有否决权，$\forall i \in N$，有 $v(N-\{i\})=1$，如果

$$V \in C(v)$$

则有

$$\sum_{j\in N} v_j = v(N) = 1$$

又由于

$$\sum_{j\neq i} v_j \geqslant v(N-\{i\}) = 1$$

由此得出对于 $\forall i \in N$，$v(i)=0$。故 $V \notin C(v)$，矛盾表明 $C(v)=\varnothing$。

反之，假设联盟 (N,v) 至少有一个成员拥有否决权，设 S 为拥有否决权成员全体，令 V 满足：

$$\sum_{i\in S} v_i = 1，\ v_i \geqslant 0，\ i \in S，\ v_i = 0，\ i \notin S$$

倘若 T 是一个成功联盟，则必有 $S \subset T$。因此

$$\sum_{i\in T} v_i \geqslant \sum_{i\in S} v_i = 1 = v(T)，$$

故有

$$V \in C(v)$$

根据上述证明可知，如果拥有否决权的成员集合非空，则核心中包括那些拥有否决权盟员的分配，其效益非零，而其他成员的效益为零。据此可以得出三条推论：

推论 8.1 若没有否决参与人，则核心为空。

推论 8.2 若否决参与人的集合 S 非空，则核心将 0 赋予给不是 S 中的成员。

根据推论 8.2，在构建联盟时，必须确保联盟拥有否决参与人，否则联盟的核心为空，也就谈不上利益分配的合理性。若拥有否决权参与人存在，则核心必定存在。进一步假设联盟成员 i 拥有否决权，则 $i \in S$，又 $S \subset T$（T 为获胜联盟），则 $i \in T$，因此又有推论 8.3：

推论 8.3 拥有否决权的成员归属于全部获胜联盟。

基于上述定理和推论，可以设计巨项目组织联盟满足条件（a）和（b）：

（a）巨项目组织联盟是 0-1 规范化联盟。即所有成员只有集结在一起（合作）才能获得最大的效益，而联盟内部则不容许有部分盟员结为子联盟。实际上，如果某个独立主体单独行动能够获得更大的收益，则该独立主体不会加入联盟；如果联盟内部存在子联盟，则该联盟是不稳定的，这样的联盟最终会解体。只有所有联盟成员团结一致，并进行合作协调，才能保证联盟内部不存在小的利益集团，联盟才具备获得成功运作的必要条件。

（b）联盟内部至少存在一个成员拥有否决权，确保联盟的“异议”制度，即允许联盟成员发表不同意见，这样才能促进联盟健康发展。鉴于此，在组建联盟时，要特别关注那些实力雄厚、市场占有率高、有否决利益分配权的成员。

组建巨项目组织联盟是巨项目组织实现和谐管理的现实选择。在联盟缔结和组建过程中，引入核心作为解的概念，并通过适当的机制设计可以确保联盟有解。在此基础上，联盟成员通过磋商、谈判、契约等方式，就一定能够确保巨项目组织联盟的利益分配结果实现公平合理，并确保参与主体达到利益均好。

8.2 巨项目组织联盟合作机制：基于合作博弈分析模型的启示

根据基于合作博弈的巨项目效益贡献合理分配理论，不难发现：巨项目组织联盟形成的充分条件是合作各方能通过有效磋商，协调彼此之间的效应贡献分配，并最终达成有约束力的效应贡献分配协议，以约束彼此之间的经济利益行为。而巨项目组织联盟形成的必要条件是合作者之间存在优势互补性。为促进巨项目组织联盟的高效运行，可以设计以下合作机制。

8.2.1 建立巨项目组织联盟中合作伙伴的有效磋商机制

巨项目组织联盟中的合作伙伴进行有效磋商是指如果合作伙伴各自策略的一个可行变化可以使所有合作伙伴都受益，则在实际磋商中，他们就会同意做出这样的策略变化。实际上，能否进行有效磋商是区别合作博弈与非合作博弈的关键。通过有效磋商，合作各方可以构建一个效益贡献平衡机制。有效的磋商需要有效的联系。在巨项目组织联盟中，由于各个参与主体在地理空间上分布在不同的地方，在沟通联系层面存在诸多障碍，沟通管理的效率也难以保障、沟通管理的绩效水平也不易测度。因此，需要基于现代信息技术和通讯技术（如采用虚拟采购、虚拟施工、虚拟管理等新型方式），并运用契约方法与行为方法相结合、组织集成与知识集成的手段，进而采取有效的沟通方式和联系手段、回避或减少联系中面临的障碍、提升沟通管理效率，并使合作中获益较少的伙伴确信暂时的获益受损可以从长期稳定的合作中得到补偿，而获益较高的伙伴会自愿在某些方面为其他伙伴的利益承诺做出一定的让步，最终促使合作伙伴之间达到合作协议，从而推进巨项目组织联盟的持续健康发展。

8.2.2 建立公平合理的巨项目组织合作伙伴效益贡献分配机制

巨项目组织联盟合作伙伴实现长效合作的关键因素就在于合作伙伴效益贡献的公平、合理分配。为此，可以从以下两个层面来建立公平合理的巨项目组织合作伙伴效益贡献分配机制。

一是，效应贡献分配方案必须满足理性条件。效应贡献分配方案不仅要满足个体理性和集体理性条件，而且还要满足联盟合理性条件。根据前面第六章所述的优超概念，说明分配方案不仅需要满足个体理性条件，而且还要满足“小联盟”。如果“大联盟”提出的分配方案，部分伙伴可以通过形成“小联盟”与其形成对抗，则这个“大联盟”的分配方案在理论层面上无法实现，从而“大联盟”也就无法组建。

二是，要构建利益补偿机制。根据命题 6.1，巨项目组织联盟的必要条件是合作一定会给各合作伙伴带来大于不合作时所能获得的利益，且任何破坏合作的行为都将导致其收益下降，即只有真诚地与所有合作者合作，才能获取更大的收益（命题 6.2）。对于这种合作形式，要求巨项目组织联盟内各参与主体都参与合作，且在合作中获益较多的伙伴给获益较少的伙伴以一定量的利益补偿，该利益补偿量可以预先确定（命题 6.3）。此外，这种利益补偿机制有可能吸引那些对其他伙伴有较大的正外部效应的伙伴参加合作，巨项目组织联盟的参与主体在追求各自利益最大化的行为本身，会促使这种外部效应的内部化，这不但可以对于具有这种正外部效应的参与者，而且对于其他参与者亦将会获取更大的合作收益。

8.2.3 促进巨项目组织联盟合作各方实现优势互补

在组建巨项目组织联盟之前，就要求各个参与主体明确项目核心能力。对于巨项目组织联盟中的每一个合作伙伴，都要求利用自己的核心优势去发挥最大的专业能力。巨项目组织联盟形成的必要条件就在于合作各方之间存在较大的优势互补潜能。为进一步发挥巨项目组织联盟的合作各方优势互补的潜能，可以采取以下策略。

一是，各合作伙伴都必须具有自己的核心优势，并且需要在建设时序中不断强化自己的这种核心能力，这也是参与巨项目组织联盟的前提条件。

二是，为实现核心优势的互补性，巨项目组织联盟必须使其有效大系统和独立要素的子项目、子任务、子要素与各个合作伙伴的核心能力要相匹配、相一致。

三是，需要建立基于 IT 的合作伙伴资源数据库。该数据库可以用于评价合作伙伴核心能力，且对各合作伙伴的核心能力进行评估与比较，以综合优选与巨项目建设特征相符合的最佳合作伙伴。

8.3 巨项目组织联盟利益协调机制：基于联盟利益博弈修正模型的启示

巨项目组织联盟合作协调的根本动因在于，对联盟利益实行公平、合理、有效地分配。随着巨项目复杂性和系统性的逐渐增大，项目利益相关者的数量逐渐增多、项目组织结构及其协调管理也逐渐复杂，为此协调这些项目参与主体之间的利益矛盾就亟待解决。科学合理的利益协调机制不仅能够对项目利益相关者起到有效的激励作用，而且还能够提高巨项目组织系统的运行效率，并确保巨项目组织联盟处于稳定的状态。为深入破解巨项目组织联盟的利益协调问题，本书在利益均沾的思维体系下，在巨项目组织联盟利益协调设计的目标指导下，并基于联盟利益博弈的修正模型，分别从利益约束、利益分配、利益激励、利益表达四个维度来构建巨项目组织联盟的利益协调机制。

8.3.1 构建强效的利益约束机制

利益约束机制是构建利益协调机制的前提基础，要确保巨项目组织联盟的持续性、长效性和稳定性，必须要建立有效的利益约束机制。通过明确组织联盟中参与主体的行为准则及相应的约束条款，就可以避免“搭便车”、“敲竹杠”等败德行为产生。约束机制包括硬性约束和柔性约束。所谓硬性约束是指通过监督、惩罚（包括经济惩罚和淘汰惩罚）、保障等措施来制定“惩罚策略”或“残酷策略”以促进组织联盟的稳定性，例如，进行经济利益惩罚，使破坏信任所带来的将来合作关系的丧失及利益损失大于当前机会主义所得。而柔性约束是指通过增进信任关系，并通过社会威望及领导感召力来达到组织联盟的有效维系，例如，通过正式和非正式的沟通渠道提高合作主体行为的透明度以增进信任。显然，硬性约束具有强制执行效果，而柔性约束强调自发式、自主式的互信互利关系构建。在巨项目组织管理实践中，不仅要构建强效的利益约束硬性机制，还要构建高效的利益约束柔性机制。

8.3.2 构建公平的利益分配机制

利益分配机制是利益协调机制的核心，也是巨项目组织联盟的参与主体合作关系中矛盾最为突出的问题，只有公平合理的利益分配才能确保参与主体对市场机遇的敏捷反应和合作协调的平稳推进。合理设计巨项目组织联盟的利益分配机制的根本原则就在于“利益均沾、风险均担”。组织联盟各参与主体的利益分配比例不仅需要根据其投入的资源和承担的风险来确定，还需要满足个体理性和集体理性的原则，并通过合理的博弈分析模型来进行利益分配。关于巨项目组织联盟利益分配的具体方法可以参见“基于合作博弈的巨项目组织联盟效益贡献分配研究”“基于夏普利值法与投入风险因子的组合修正模型”等相关内容。

8.3.3 构建合理的利益激励机制

从微观经济学和博弈论的理论视角分析，利益激励机制实质上一种组织联盟盟员适用的契约或者合同，以此规范盟员行为的约束或者制度。鉴于巨项目组织联盟的各合作伙伴在联盟中的分工不尽相同，所付出的投入和承担的风险也不同，对组织联盟的贡献也就不同，因而从组织联盟中获得的利益也应区别对待。在保证参盟主体利益分配公平合理的基础上，还应进行有效激励以确保参盟主体能够“多劳多得”，也就是对组织联盟贡献大的主体，理应获得更多的利益分配份额，从而激励其工作热情加大和对联盟的投入程度增加。

构建巨项目组织联盟合作协调的利益激励机制一般要经过两个阶段：一是，进行全局的合作规划，寻求组织联盟合作协调达到的最佳利益平衡点；二是，分析各个参与主体的利益追求，设计单独的激励制度，以实现合作联盟总收益的行为激励。在巨项目组织管理实践中，对于巨项目组织联盟的利益激励方式可以设计为：任务式激励、契约式激励、商誉式激励和信息式激励。

8.3.4 构建畅通的利益表达机制

巨项目组织联盟的各个层次、各个阶段所对应的参与主体都有基于自己发展战略的利益需求和利益表达。利益表达是实现利益协调的基本制度安排，是指为保证实现各自利益诉求能够及时畅通地传递到组织联盟的协调层而设置的运行机制。利益表达机制重点关注参与者和独立要素的利益诉求，确保它们的利益得到满足。对于巨项目而言，这是一件非常困难的事情，因为在有效大系统和独立要素集合里存在着大量不同性质的利益诉求。

构建畅通的利益表达机制可以确保巨项目组织联盟的弱势主体不至于在进行利益分配时，受到强势主体的欺压而导致少分配或者不分配利益。利益表达机制是进行公平合理分配组织联盟利益的重要保障，是确保利益“惠及”组织联盟的最广大利益主体机构，而不仅仅是少数强势利益主体，这一理念也恰好与基于利益均沾的利益协调思想不谋而合。对于巨项目组织联盟运行管理而言，构建畅通的利益表达机制可以从四个层面着手：一是，需要建立组织联盟的民主协调制度；二是，构建扁平化、敏捷化的信息沟通协调平台；三是，要加大组织联盟的契约激励力度；四是，健全利益表达的程序和规则。

8.4 巨项目组织联盟合作协调的实现机制：基于巨项目云组织结构形式的启示

为确保巨项目组织联盟合作协调的有效实施，还需要从以下五个层面设计巨项目组织联盟合作协调的实现机制。

8.4.1 建立高效、快速、实时的巨项目组织信息支持系统

巨项目组织信息支持系统将不同企业的资源优势迅速集成在一个虚拟组织系统中。强有力的信息支持系统将可以快速高效地实现巨项目的信息、资金、技术、管理、资源的有机整合，促进各合作主体更好地实施协同工作。为此，建立高效、快速、及时的巨项目组织联盟信息支持系统，为巨项目组织联盟的合作协调提供了强有力的技术支撑。

8.4.2 基于契约方法与行为方法综合推进巨项目组织联盟的合作协调关系

鉴于巨项目组织联盟框架结构的特殊性，有必要对巨项目有效大系统和独立要素虚拟组织合作协调关系的综合推进,采取基于契约方法与行为方法、软硬控制相结合的方法。契约方法是以责任为基础的管理方法，缺乏一定的灵活性，而行为方法可以有效弥补这一缺陷，有利于联盟内参与主体建立合作伙伴信任关系，以增强组织联盟的稳定性。具体而言：一是，在巨项目组织契约管理方面，巨项目有效大系统组织与独立要素组织应通过协商以合同或协议的方式，建立各成员共同遵守的公平的、规范的制度，明确合作各方的目标和任务及各自的责任、权利、义务。二是，需要采取行政的手段，对巨项目虚拟组织成员的合作与配合进行制度规范与政策约束，以增强巨项目组织联盟的持久稳定性。三是，进行跨文化管理。由于巨项目组织联盟是一个异质群体，其参与主体来自不同的组织，甚至来之不同的国家，各自都具有不同的企业文化氛围，在合作协调中必然会自觉或不自觉地产生防范心理甚至出现一定程度的矛盾和冲突。为此，可以尝试在巨项目组织联盟中进行跨文化管理。通过有效沟通、建立目标一致、相互信任、相互尊重的组织文化，从而实现巨项目组织联盟的共存共荣。

8.4.3 倡导巨项目组织联盟合作互信的共赢理念

尽管巨项目组织联盟的各方参与主体分别代表各自的组织利益和发展目标，但满足巨项目有效大系统的需求就是巨项目组织联盟成员的共同目标。为此，基于巨项目组织联盟合作互信的共赢理念，强调巨项目有效大系统组织与独立要素组织各参与方的协同工作，坚持以用户需求导向和客户满意的合作思维，从而推进巨项目组织联盟合作协调集成模式的综合实现。

8.4.4 对巨项目组织联盟的核心层及集成团队实施集成化控制

基于集成化控制的思想，对巨项目组织联盟的核心层及巨项目集成团队进行综合集成管理与动态控制，从而界定巨项目合作各方的工作范围及协同任务，明确巨项目组织联盟合作协调小组的职能定位及工作要求，确保巨项目组织联盟的核心层和松散层之间达到界面协同与组织协同。

8.4.5 强化巨项目组织联盟成员协同理念，建设联盟文化

要促进巨项目组织联盟成员的长远持续合作，就必须要强化巨项目组织联盟成员协同理念、建设和谐统一的联盟文化，从而为实现巨项目组织联盟的合作协调奠定基础。建设动态联盟文化，不仅可以达到求同存异、兼收并容、加强沟通、增进信任的目标，而且还能在巨项目组织联盟中有效营造相互学习、相互协作、相互促进的氛围。在巨项目组织联盟运行过程中，通过培养统一的协同思维、建设一致的动态联盟文化，以促进巨项目组织联盟的跨文化协调管理。

8.5 本章小结

巨项目组织联盟合作协调机制的设计是巨项目组织管理的出发点和落脚点。本章运用机制设计理论，设计了巨项目组织联盟的分配机制，基于合作博弈分析模型的启示设计了巨项目组织联盟的合作机制。主要包括建立巨项目组织联盟中合作伙伴的有效磋商机制、公平合理的效益贡献分配机制，以及促进巨项目组织联盟合作实现优势互补。进而在利益均沾的理念指导下，基于联盟利益博弈的修正模型，分别从利益约束、利益分配、利益激励、利益表达四个维度来构建巨项目组织联盟的利益协调机制。最后，从五个层面探讨了巨项目组织联盟合作协调的实现机制。

9 研究总结与展望

9.1 研究结论

本书综合运用系统工程、经济学、管理学的基本原理，基于合作博弈理论、云模型理论、组织设计理论、机制设计理论全面展开巨项目组织联盟合作协调机制研究。纵览全书内容，通过对有关巨项目组织联盟的集成化结构设计、合作协调模式、合作伙伴评价决策、合作博弈分析理论与方法、合作协调机制设计等问题进行系统研究，可以得出以下主要研究结论：

（1）基于二八定律的思想，巨项目大约 80% 的资源、任务、资金是由大约 20% 的关键组织使用、实现和完成的。不同阶段的关键组织总会在时间轴上形成一条由各关键组织组成的组织链条，这些组织链条充分吞噬了巨项目 80% 左右的资源，完成了巨项目 80% 左右的任务，发挥了 80% 的重要影响程度。巨项目组织粘结的实质是基于多任务、多职能、多组织的粘结，并将在地理位置空间上处于分散状态，但工作任务属性具有较大重叠特征的实体组织粘合而成关键组织。巨项目组织粘结的方法（平面粘结法和空间粘结法）都是力图寻求组织管理中起到主导支撑地位的组织，并对这些主导支撑组织加以合并粘结而形成关键组织，以将其作为巨项目有效大系统组织管理的重点组织元素。按照巨项目组织结构设计的基本思想，基于多级关键组织的巨项目空间组织结构形式（巨项目云组织结构形式）不仅在实践层面具有较强的有效性，而且在理论层面也能够确保巨项目组织管理工作实现“化繁为简”“化多为少”“化无序为有序”“化量变为质变”的目标。

（2）巨项目组织联盟合作伙伴评价指标体系包括 3 个一级指标（项目层面指标、能力层面指标、关系层面指标），12 个二级指标，该指标体系有效表征了巨项目组织联盟潜在合作伙伴的定性和定量能力。基于巨项目组织联盟合作伙伴评价的模糊性和随机性特征，构建了基于云模型和灰色关联度法的巨项目组织联盟合作伙伴组合评价方法。运用云模型及云的不确定性推理，将潜在合作伙伴指标因子的定性评价量化为分值，以实现定性概念与其定量表示之间的有效转换。进而运用灰色关联度理论，计算巨项目组织联盟合作伙伴能力水平的综合关联度。实例分析结果表明该方法具有较强的可行性和有效性。

（3）巨项目组织各参与主体之间的联盟属于典型的合作博弈关系。为确保巨项目组织的高效运作，则需要构建一种基于合作的柔性化项目管理机制。以合作博弈理论为分析工具，进而提出了基于合作博弈的巨项目效益贡献合理分配理论（TRABC 理论），构建了同时符合集体有理性和个体有理性的巨项目组织联盟合作博弈分析模型，阐释了三种合作博弈的解（核心、夏普利值、核仁），并通过实例分析验证了所建模型的有效性。合作博弈机理分析结果表明：一是，参加巨项目组织联盟的各合作伙伴效益的提高，至少要等于由于参加合作而引起的各伙伴的直接效益损失；二是，巨项目组织联盟合作博弈的核心非空，并且合作带来的收益的分配方案位于该博弈的核心中；三是，在合作中获益较多的伙伴应给获益较少的伙伴一定量的补偿，只有这样才能有望达成合作协议，同时获益伙伴在补偿受损伙伴后的获益应该仍然比参加合作前有所提高。

（4）巨项目组织联盟中的多重利益博弈特征使得，组织联盟中的各个参与主体在利益平衡协调进程中都无法独自把握自己的利益。这种无把握，反过来要求各方找到能“共同把握的最大公约数”，以兼顾效率和公平，并充分保障各方利益的平衡和合理的补偿，这就表现为巨项目组织的利益均沾性。在利益均沾理念的指导下，本书借鉴运用静力学中的力的平行四边形合成法则来分析巨项目组织联盟利益协调机制的目标，并提出基于利益均沾的巨项目组织联盟利益协调的平行四边形矢量合成法则。同时，基于利益均沾的思维构建巨项目组织联盟的利益协调机制应遵循利益与风险对称原则、公平兼顾效率原则、平等互利原则、利益结构最优原则、和谐共赢原则。在合作博弈分析模型的基础上，综合考虑各参与主体的投入与风险因子，构建基于利益均沾的巨项目组织联盟利益博弈修正模型，并进行模型实例分析。实证研究结果表明：在利益均沾的理念指导下，统筹公平效率原则，基于夏普利值法与投入风险因子的组合修正方法对于巨项目组织联盟的利益分配是较为公平合理的。实例分析表明该方法计算结果较为客观可靠，具有较强的可行性和有效性。

（5）巨项目组织联盟合作协调机制是指对巨项目组织联盟参与主体协同工作关系、利益协调关系、合作互信关系的制度设计和制度安排。基于合作博弈分析模型的启示，提出促进巨项目组织联盟合作的机制主要包括：建立巨项目组织联盟中合作伙伴的有效磋商机制、公平合理的效益贡献分配机制，以及促进巨项目组织联盟合作实现优势互补。分别从利益约束、利益分配、利益激励、利益表达四个维度来构建巨项目组织联盟的利益协调机制。还探讨了巨项目组织联盟合作协调的实现机制，包括建立高效、快速、实时的巨项目组织信息支持系统，基于契约方法与行为方法综合推进巨项目组织联盟的合作协调关系，倡导巨项目组织联盟合作互信的共赢理念，倡导巨项目组织联盟合作互信的共赢理念，对巨项目组织联盟的核心层及集成团队实施集成化控制，强化巨项目组织联盟成员协同理念、建设联盟文化。

9.2 研究创新点

目前国内外有关巨项目管理的研究文献十分缺乏，针对巨项目组织合作协调的文献更是十分鲜见。本书以系统科学和行为科学为指导，将巨项目组织联盟视为有效大系统组织和独立要素组织的集合和所有参与主体与合作伙伴的有机体，分别从理论框架建构、模型方法探索、合作机制设计等层面创新性地展开巨项目组织联盟合作机制研究。并基于系统与非系统相结合的思维视角深入探究巨项目组织联盟的合作协调机理及合作协调机制，从而在巨项目组织管理的认识论和方法论层面做到概念创新和思维创新。本书主要在以下五个方面进行了概念创新、理论创新和方法创新。

（1）基于多级关键组织的巨项目空间组织结构形式（巨项目云组织结构形式）有效实现了项目组织结构形式由二维平面向三维立体转变，是对传统组织结构形式（直线式、职能式、矩阵式等）的重大革新。巨项目云组织结构形式通过寻求各层级的关键组织链，并把握各个层级的关键组织，在理论层面和实践层面都体现了有效性、可行性和先进性，从而实现了巨项目组织管理由量变到质变的飞跃。相关研究成果已发表在《基于多级关键组织的巨项目空间组织结构形式设计》，科技管理研究，2014 年 5 月（CSSCI 核心）。

（2）鉴于巨项目组织联盟潜在合作伙伴评价的模糊性、随机性特征，本书突破传统组织联盟合作伙伴评价研究的思维模式，按照“组合评价”的研究思路，将云模型及层次灰关联度法加以组合运用，在构建评价指标体系的基础上，提出了基于云模型和灰色关联度法的巨项目组织联盟合作伙伴评价方法及具体算法，并加以实例分析，使之具有较强的实践应用价值。实例分析结果表明，该法计算简单、操作简便，结果客观可靠，能够充分考虑合作伙伴评价的模糊性和随机性，并能有效评价非线性系统。相关研究成果已发表在《基于云模型和灰关联度法的巨项目组织联盟合作伙伴评价研究》，土木工程学报，2011 年 8 月（EI 核心）。

（3）现有研究大多从非合作博弈的思维出发，研究工程项目利益相关者的利益协调问题，研究视角和研究方法较为单一。为此，本书针对巨项目有效大系统和独立要素之间、独立要素与独立要素之间的合作协调等非系统性问题，基于合作博弈的思维，运用合作博弈理论构建了巨项目组织联盟的合作博弈分析模型，阐释了合作博弈模型的三种求解方法：核心、夏普利值、核仁，并从定量的角度对项目中独立主体的贡献和效益加以刻画，进而开创性地提出了巨项目效益贡献合理分配理论（TRABC 理论）及其合作协调机理。巨项目组织联盟的合作博弈分析模型不仅为定量解决巨项目组织联盟的合作协调问题提供了新思路、新方向和新方法，亦为巨项目组织管理决策起到了有益的参考借鉴作用。相关研究成果已发表在《基于合作博弈的巨项目组织联盟合作协调研究》，土木工程学报，2011 年 12 月（EI 核心）。

（4）针对巨项目组织联盟各参与主体利益诉求点的冲突性和矛盾性特征，本书探索性地提出了巨项目组织联盟利益均沾的理念（寻求各参与主体“共同把握的最大公约数”）及其数量刻画（利益主体的最大共同利益效用函数）。原创性地提出了利益均沾理念下，巨项目组织联盟利益协调的平行四边形矢量合成法则，构建了基于夏普利值法和投入风险因子组合分析法的巨项目组织联盟利益博弈修正模型，并加以实证分析。以此为定量解决巨项目组织联盟的利益协调问题提供思维借鉴和方法参考。相关研究成果已发表在《基于利益均沾和合作博弈的巨项目组织联盟利益协调研究》[科技管理研究，2013年5月（CSSCI核心）]中。

（5）在有关巨项目组织联盟合作协调理论阐释和模型分析的基础上，尝试理论发散与制度安排，并运用机制设计理论，分别从分配机制、合作机制、利益协调机制、实现机制四个层面综合设计巨项目组织联盟的合作协调机制，从而为促进巨项目组织联盟的持续高效运行起到有力的组织保障作用。

9.3　研究展望

巨项目组织联盟的合作协调问题研究是一项全新而又复杂的研究课题，需要进一步完善合作协调的理论与方法，并探索设计更为科学的合作协调机制。尽管本书对巨项目组织联盟的合作协调问题进行了较为系统的研究，取得了一定的研究结果，但由于水平及时间限制，尚有一些问题有待进一步解决，主要包括以下几个方面。

（1）组织结构优化设计方面。

由于巨项目组织结构表现为具有"磁性"功能，要将与巨项目有关的杂乱无章的参与"分子"磁化成一个方向，组建成类似"三维"或者更高维数的巨项目组织结构。巨项目的多维结构形态使得巨项目组织集成度大、组织界面协调要求高、协同管理难度大，为此需要进一步运用云计算理论、分子结构理论、团簇理论进一步优化巨项目组织多维结构及其合作协调模式。

（2）合作伙伴评价模型优化方面。

尽管基于云模型和灰色关联度法的巨项目组织联盟合作伙伴评价模型有效实现了定性和定量的不确定性转换，但当样本数据较多时，此时对专家知识和经验要求非常高，这就需要进一步运用虚云、云变换等工具来提高评价决策的精确度。

（3）合作博弈模型构建方面。

在基于合作博弈分析模型的基础上，可以运用划分导出博弈模型进一步分析巨项目组织联盟合作协调的内在机理。同时进行合作博弈动态演化分析与模型仿真研究，并研究巨项目利益群体动态合作竞争的微分动力模型及其合作机制，从而确保合作博弈模型的求解方法得到进一步优化。

（4）合作协调机制设计方面。

巨项目组织联盟的合作协调机制不仅需要重点分析参与主体的效益贡献分配机理，而且还需要进一步从信息协同、目标协同等思维视角，同时运用机制设计理论，从巨项目目标协调、巨项目参与主体协调、巨项目综合协调机制三个层面展开巨项目组织协调管理机制研究。此外，还应基于复杂适应系统（CAS）模型，综合运用组织行为和行为决策理论研究微观的巨项目个体单位行为特征和巨项目组织宏观的系统涌现机理，并借助多 Agent 技术进行模拟计算实验研究。

（5）案例研究方面。

有待进一步收集国内外巨项目的典型案例和资料，并归纳巨项目组织协调管理的特征要素及其合作规律，尝试进行案例研讨与经验演绎，从而为优化巨项目组织管理框架奠定实践基础。

借此，希望本书能为后续巨项目组织管理机制的进一步深入研究起到抛砖引玉的作用。

参考文献

[1] 任宏，晏永刚. 工程管理专业平台课程集成模式与教学体系创新[J]. 高等工程教育研究，2009（2）：80-83.

[2] 任宏，晏永刚. 工程项目管理三大基本目标的新思维[J]. 科技进步与对策，2008，25（10）：63-66.

[3] 潘家华.中国城市发展报告[M]. 北京：社会科学文献出版社，2010.

[4] 任宏. 重大工程项目管理变革——巨项目管理的提出[J]. 中国工程院工程管理学部香港年会期刊，2004，11.

[5] 任宏，张巍，竹隰生. 对巨项目的认识及其研究的探索[C]. 第二届中国工程管理论坛会议论文集，2008（9）.

[6] 周三多. 管理学——原理与方法[M]. 5版. 上海：复旦大学出版社，2009.

[7] 王华. 现代建设项目全寿命期组织集成的实现问题[J]. 工业工程，2005，8（2）：38-41.

[8] 李世蓉，邓铁军. 工程建设项目管理[M]. 2版. 武汉：武汉理工大学出版社，2002.

[9] Feng C W, Liu L, Burbs S A. Using genetic algorithms to solve construction time-cost trade-off problems[J]. Journal of Computing in Civla Engineering, 1997, 11(3): 184-189.

[10] Khang D B, Myint Y M. Time, cost and quality trade-off in project management: A case study[J]. International Journal of Project Management, 1999, 17(4): 249-256.

[11] Zheng D, Ng S T, Kumaraswamy M. Applying a genetic algorithm-based

multi objective approach for time-cost optimization[J]. Journal of Construction Engineering and Management, 2004, 130(2): 168-176.

[12] 曹小琳，韩冰. 工程项目管理目标系统的建立与控制[J]. 重庆大学学报，2002，25（7）：107-110.

[13] 王健，刘尔烈，骆刚. 工程项目管理中工期-成本-质量综合均衡优化[J]. 系统工程学报，2004（2）：148-153.

[14] 王永坤，仲维清，黑瑞卿. 基于挣值理论的工程质量、成本、进度集成控制[J]. 辽宁工程技术大学学报：社会科学版，2005（6）：639-641.

[15] 刘晓峰，陈通，张连营. 基于微粒群算法的工程项目质量、费用和工期综合优化[J]. 土木工程学报，2006（10）：122-126.

[16] 高兴夫，胡程顺，钟登华. 工程项目管理的工期-费用-质量综合优化研究[J]. 系统工程理论与实践，2007（10）：112-117

[17] 任宏，晏永刚. 建设工程管理概论[M]. 武汉：武汉理工大学出版社，2008.

[18] 陆宁，冯妍萍，王芳，周旋，王巍. 质量挣值法的集成管理[J]. 辽宁工程技术大学学报：自然科学版，2009（1）：113-115.

[19] 苑东亮，徐德龙，李慧民. 建筑工程项目目标控制研究[J]. 西安建筑科技大学学报：自然科学版，2010（1）：100-104.

[20] 王建设. 工程项目质量管理问题研究[J]. 财经问题研究，2014，（S2）：133-136.

[21] 程雨婷，滕丽，喻钢，胡珉. 基于 BIM 的市政工程施工进度管理研究[J]. 施工技术，2016，45（S1）：768-771.

[22] 王卓甫. 工程项目风险管理——理论、方法与应用[M]. 北京：中国水利水电出版社，2003.

[23] 尹贻林，张传栋. 大型建设项目集成风险管理的实现模式探讨[J]. 建筑经济，2006（3）：37-40.

[24] 王有志. 现代工程项目风险管理理论与实践[M]. 北京：中国水利水电出版社，2009.

[25] Jaffri, A, Mainvong, K. Systhesis of a model for life-cycle project management[J]. Computer-aided Civil and Infrastructure Engineering, 2000, 15(1): 423-436.

[26] Zhang H L. A redefinition of the project risk process: Using vulnerability to open up the event- consequence link[J]. International Journal of Project Management, 2007, 25(7): 694-701.

[27] Tang W Z, Qiang M S F, et al. Risk management on the Chinese construction Industry[J]. Journal of Construction Engineering and Management, 2007, 133(12): 644-956.

[28] Zou P X W, Zhang G M, Wang J Y. Understanding the key risks in construction projects in China[J]. International Journal of Project Management, 2007, 25(6): 601-614.

[29] Artern Aleshin. Risk management of international projects in Russia. International Journal of Project Management, 2001(19): 207-222.

[30] Kaming P F, Olomolaiye P O, et al. Factors influencing construction time and cost overruns on high-risk projects in Indonesia. Construction Management and Economics, 2000(15): 83-94.

[31] Elinwa A U, Buba S A. Construction cost factors in Nigeria[J]. Journal of Construction Engineering and Management, 2003(4): 698-713.

[32] Chan W K L, Wong F K W, David Scott.Management construction projects in China-the Transitional period in the millennium[J]. International Journal of Project Management, 2005, 17(4): 257-263.

[33] 池秀文，姚雪梅，张海峰. 基于 AE 的地下工程安全风险管理系统研究[J]. 武汉理工大学学报，2010，32（11）：143-146.

[34] 刘永强，张洪瑞，钱璧君. 基于 FAHP 的水里工程项目成本风险管理研究[J]. 水电能源科学，2009，27（4）：151-154.

[35] 张贤哲，夏光明. 工程项目的风险管理系统[J]. 武汉大学学报：工学版，2008，41（6）：129-132.

[36] 韩传峰，王玉虎．工程建设项目风险分担管理模式系统分析[J]．建筑经济，2007（8）：68-70.

[37] 孙成双，王要武．建设项目动态风险分析方法研究[J]．土木工程学报，2003，36（3）：41-45.

[38] Tah JHm Carr V. Knowledge-based approach to construction project risk management[J]. Journal of Computing in Civil Engineeing, 2001, 15(3): 170-177.

[39] Kapila P, Hendrickson C. Exchange rate risk management in international construction ventures[J]. Journal of Management in Engineering, 2001, 17(4): 186-191.

[40] Delcano. Integrated methodology for project risk management[J]. Journal of Construction Engineering and Management, 2002, 128(6): 473-485.

[41] Han S H,Kim D Y. et al. A web-based integrated system for international project risk management[J]. Automation in Construction, 2008, 17(3): 342-356.

[42] 赵建军，杨平．以业主为核心的大型工程建设项目风险集成管理[J]．建筑经济，2010（7）：78-82.

[43] 王艳艳，陈起俊，黄伟典等．建设项目全生命周期费用风险管理的研究[J]．建筑经济，2007（11）：26-28.

[44] 孙成双，顾国昌．建设项目风险管理的多 Agent 系统框架[J]．东北林业大学学报，2006，34（5）：81-83.

[45] 肖文功．基于合作关系的工程项目风险管理组织集成[J]．油气田地面工程，2012，31（5）：15-16.

[46] Kenji Kimoto, Kazuyoshi Endo，et al. The application of PDA as mobile computing system on construction management[J]. Automation in Construction, 2005(14): 500-511.

[47] Makarand Hastak, Daniel W.Halpin,Jorge Vanegas. Compass-new Paradigm for Project Cost Control Strategy and Planning[J]. Journal of

Construction Engineering and Management, 1996, 122(3): 254.264.

[48] Feniosky Pena-Mora, Shunsuke Tanaka. Information Technology Planning Framework for Japanese General Contractors[J]. Journal of Management in Engineering, 2002, 18(3): 138-149.

[49] Caldas C h, Soibelman L.Automating hierarchical document classification for construction management information systems[J]. Automation in Construction, 2003, (12): 395-406.

[50] Yu J H, Lee H S, Kim W. Evaluation model for information systems benefits in construction management process[J]. Journal of Construction Engineering and Management, 2006, 132(10): 1114-1121.

[51] Cheung S O, Cheung K K W, et al. CSHM: web-based safety and health monitoring system for construction management[J]. Journal of Safety Research, 2004, 35(2): 159-170.

[52] Chau K W, Cao Y, et al. Application of data warehouse and decision support system in construction management[J]. Automation in Construction, 2003, 12(2): 213-224.

[53] 卢勇. 基于互联网的工程建设远程协作的研究[D]. 上海：同济大学，2004.

[54] 丁士昭. 建设工程信息化导论[M]. 北京：中国建筑工业出版社，2005.

[55] 李永奎. 2007. 建设工程全生命周期信息管理（BIM）的理论与实现方法研究[D]. 上海：同济大学，2002.

[56] 何清华，卢勇，何伟华. 基于 Internet 的大型工程项目信息系统[J]. 同济大学学报，2003，30（2）：238-242.

[57] 陈勇强，吕文学，张水波. 工程建设项目集成管理化管理模式研究及其在北京 2008 奥运工程建设管理信息平台中的应用综合研究报告[R]. 2008.

[58] 朱记伟，马斌，等. 基于 B/S 模式的水利工程项目建设管理信息支持平台[J]. 科技进步与对策，2008，25（10）：140-142.

[59] 丰亮，陆惠民. 基于 BIM 的工程项目管理信息系统设计构想[J]. 建筑管理现代化，2009，23（4）：362-366.

[60] 喻颂华. 工程项目管理信息化建设探讨[J]. 华中农业大学学报：社会科学版，2008（6）：96-99.

[61] 戚振强，王静. 工程项目管理信息化分析框架研究[J]. 北京建筑工程学院学报，2014，30（2）：76-80.

[62] Inri Gavronski, Geraldo Ferrer, Ely Laureano Paiva. ISO 14001 Certifaction in Brazil: motivations and benefits[J]. Journal of Cleaner production, 2008, 16(1): 87-94.

[63] Tulay Esin. A study regarding the environmental impact analysis of the building materials production process(in Turkey)[J]. Building and Environment, 2007, 42(11): 3860-3871.

[64] Zhuguo Li. A new life cycle impact assessment approach for building[J]. Building and Environment, 2006, 41(10): 1414-1422.

[65] M Sohail, M ASCEL, et al. Sustainable operation and maintance of urban infrastructure: Myth or reality[J]. Journal of Urban Planning and Development, 2005(39): 17-24.

[66] Shovini Dasgupta. Indicators and framework of assessing sustainable infrastructure[J]. Canadian Journal of Civil Engineering, 2005(32): 57-65.

[67] Halla R, Sahely, et al. Developing sustainable criteria for urban infrastructure systems[J]. Canadian Journal of Civil Engineering, 2005(32): 72-85.

[68] 甘琳，申立银，傅鸿源. 基于可持续发展的基础设施项目评价指标体系的研究[J]. 土木工程学报，2009，42（11）：133-138.

[69] 施骞. 工程项目可持续设计的实施与管理[J]. 土木工程学报，2009，42（9）：125-130.

[70] 施骞. 工程项目环境友好型设计的分析与控制[J]. 环境与可持续发展，2008（3）：51-53.

[71] 曹小琳，晏永刚. 绿色供应链管理与建筑业可持续发展[J]. 经济管理，2006（17）：81-83.

[72] 林基础，陆彦，成虎. 大型公共工程项目生态系统框架研究[J]. 建筑经济，2006（11）：29-32.

[73] 郑小晴. 建设项目可持续性及其评价研究[D]. 重庆：重庆大学，2005.

[74] 刘文涛. 超大型绿色建筑项目管理的难点与对策[J]. 中国管理信息化，2017，20（1）：89.

[75] Mitropulos B, Tatum C. Management-driven integration[J]. Journal of Management in Enginneering, 2000, 16(1): 48-58.

[76] W Edward Back, Karen A.M. Cost and schedule impacts of information management on EPC process[J]. Journal of Management in Enginneering, 2000, 16(2): 59-69.

[77] Sou-sen L, An-Ting C, Chung-huei Y. A GA-based fuzzy optimal model for construction time-cost trade-off[J]. International Journal of Project Management, 2001(19): 47-58.

[78] Yeo K T，Ning J H. Intergating supply chain and critical chain concepts in engineer-procure-consrtuct(EPC) projects. International Journal of Project Management, 2002, 20(4): 253-259.

[79] Zhu Y, Augenbroe G. A. Conceptial model for supporting the integration of inter-organizational information process of AEC projects[J]. 2006, Automation in Construction, 15(2): 200-211.

[80] Halfawy M R,Forese T. Component-based framework for implementing integrated architectural/ engineering/construction project systems[J]. 2007, Journal of Computing in Cibil Engineering, 21(6): 441-452.

[81] Boddy S, Rezgui Y,et al. Computer integrated construction: A review and proposals for future direction[J]. Advances in Engineering Software, 2007, 38(10): 677-687.

[82] 戚安邦. 多要素集成管理方法研究[J]. 南开管理评论，2002（6）：70-75.

[83] 李红兵. 建设项目集成化管理理论与方法研究[D]. 武汉：武汉理工大学，2004.

[84] 陈勇强. 基于现代信息技术的超大型工程建设项目集成管理研究[D]. 天津：天津大学，2004.

[85] 王乾坤. 建设项目集成管理研究[D]. 武汉：武汉理工大学，2006.

[86] 张红波. 大型建设项目全寿命周期集成化管理模式研究[D]. 济南：山东建筑大学，2007.

[87] 陈建国，周兴. 基于 BIM 的建设工程多维集成管理的实现基础[J]. 科技进步与对策，2008，25（10）：150-152.

[88] 尹贻林，刘艳辉. 基于项目群治理框架的大型建设项目集成管理模式研究[J]. 软科学，2009，23（8）：20-25.

[89] 钟登华，崔博，蔡绍宽. 面向 EPC 总承包商的水电工程建设项目信息集成管理[J]. 水力发电学报，2010，29（1）：114-119.

[90] 张国宗，张丹，邱菀华. 大型工程项目全寿命集成管理理论与应用[J]. 科技进步与对策，2013，30（23）：6-9.

[91] 徐勇戈，鹿鹏. 基于 BIM 的大型建设工程项目组织集成[J]. 铁道科学与工程学报，2016，13（10）：2092-2098.

[92] Chua Y Z, David K H. Relationship between productivity and wastes:A neural network model. IGLC 11th Annual Conference, 2003[C]. Virginia, USA.

[93] Kerzener H. 项目管理：计划、进度和控制的系统方法[M]. 7 版. 北京：电子工业出版社，2002.

[94] Josephson P E,Saukkoriipi L. Value-adding activities in building projects: A preliminary categorization. IGLC 11th Annual Conference, 2003[C]. Virginia, USA.

[95] Chua Y Z, David K H. Relationship between productivity and wastes: A neural network model. IGLC 11th Annual Conference, 2003[C]. Virginia, USA.

[96] Marton M, Steven D, N, Nitin N. Lessons learnt in developing effective performance measures for construction safety management. IGLC 12th

Annual Conference, 2004[C]. Gebenhargen, Demark.

[97] Sami K，Jouko K. Customer satisfaction in construction. IGLC 12th Annual Conference, 2004[C]. Gebenhargen,Demark.

[98] Pollaphat N, Miroslaw J S. Succeess/failure factors and performance of web-based construction project management system:professionals ’ s viewpoint[J]. Journal of Construction Engineering and Management, 2006, 132(1): 80-87.

[99] Yu I,Kim K, et al. Comparable performance measurement system for construction companies[J]. Journal of Management in Engineeing, 2007, 23(3): 131-139.

[100] 长青，吉格迪，陈建辉. 工程建设项目绩效评价的二维挣值分析方法[J]. 工业工程与管理，2006（5）：76-80.

[101] 吴彰叶，钱森. 基于 BSC 的工程项目团队绩效评价指标体系研究[J]. 市场周刊（理论研究），2007（1）：135-137.

[102] 李涵，谭章禄. 政府投资项目绩效系统观[J]. 煤炭经济研究，2007（9）：59-60.

[103] 吴建南. 公共项目绩效评价指标体系设计研究——基于多维要素框架的应用[J]. 项目管理技术[J]，2009，7（4）：13-17.

[104] 蒋铮鹤，黄有亮. 以价值为中心的项目评价指标的计算与推证[J]. 青岛理工大学学报，2010，31（1）：105-108.

[105] 张思荣，裘樨盈，张敏，吴新丽，李仁旺. 基于可拓学与 BSC 的工程项目绩效评价研究[J]. 工业工程与管理，2012，17（1）：64-69.

[106] 谭涛，熊志坚. 工程项目绩效评价指标体系比较研究[J]. 科技管理研究，2014，34（23）：81-90.

[107] Larson, E. Project Partnering:results of study of 280 construction projects[J]. Journal of Management in Engineering, 1995(2): 30-35.

[108] Eddie WL. Chengheng LI. Construction partnering process and associated critical success factors: Quantitative investigation[J]. Journal of

Management in Engineering, 2002(10): 194-202.

[109] Kumaraswamy, M M, Morris, et al. Build-poperate-transfer-type procurement in Asinan mega projects[J]. Journal of Construction Engineering and Mangement, 2002, 128, (2): 93-102.

[110] Malcolm, S. The private finance initivate: the UK experience[J]. Research in Transportation Economics, 2005(15): 231-245.

[111] Xu T J, Greenwood D. Using design-and build as an entry strategy to the Chinese construction market[J]. International Journal of Project Management, 2006, 24(5): 438-445.

[112] Salman, A F M, et al. Bot viability model for large-scale infrastructure projects[J]. Journal of Construction Engineering and Management, 2007, 133(1): 50-63.

[113] Ye, S D Liu, Y S. Study on development patterns of infrastructure projects[J]. Journal of Construction Engineering and Management, 2008, 134(2): 94-102.

[114] Sense, A J. Structuring the project environment for learing[J]. International Journal of Project Management, 2007, 25(5): 405-412.

[115] Pheng L S, Chuan Q T. Enironment factors and work performance of project managers in the construction industry[J]. International Journal of Project Management, 2006, 24(1): 24-37.

[116] Sharrard, A L, Scott, et al. Environment implications of construction site energy use and electricity generation[J]. Journal of Construction Engineering and Management, 2007, 133(11): 846-854.

[117] Donk, D P V, Molloy, E. From organizing as projects to projects as organizations[J]. International Journal of Project Management, 2008, 26(2): 129-137.

[118] Camprieu, R D, Desbiens, J, Yang, F X. Cultural differences in project risk perception: An empirical comparison of China and Canda[J]. International

Journal of Project Management, 2007, 25(7): 683-693.

[119] Marrewijk, A V Managing project culture: The case of environ megaproject[J]. International Journal of Project Management, 2007, 25(3): 290-299.

[120] Liou, F M Huang, C. P. Automated approach to negotiations of BOT contracts with the consideration of project risks[J]. Journal of Construction Engineering and Management, 2008, 134(1): 18-24.

[121] Adednego, M P, Ogunlana, S O. Good project governance for proper risk allocation in public-private partnerships in Indonesia[J]. International Journal of Project Management, 2006, 24(7): 622-634.

[122] Medda, F. A game theory approach for the allocation of risks in transport public private partnerships[J]. International Journal of Project Management, 2006, 25(5): 213-218.

[123] 周冰. 国际工程项目管理模式比较[J]. 建筑管理，2003（3）：64-65.

[124] 张尚. 建筑工程项目管理模式CM模式与MC模式的比较研究[J]. 建筑经济，2005.（2）：71-74.

[125] 赵艳华，窦艳杰. D-B模式与EPC模式的比较研究[J]. 建筑经济，2007（7）：149-152.

[126] 蒲卫彪，周明. 常用工程项目管理在绿色建筑项目中应用的研究[J]. 工程管理学报，2010，24（1）：46-49.

[127] 李英攀，蒋沧如. 代建制政府投资项目管理模式的研究与实践[J]. 武汉理工大学学报，2009，31（2）：137-140.

[128] 詹政，王铁山. PFI融资模式在城市公共工程中的应用[J]. 城市问题，2008（8）：61-64.

[129] 马骏. PMC+Partnering工程管理模式在铁路项目中应用探讨[J]. 中国水运，2010，10（6）：100-103.

[130] 张从军，任宏，吴学伟. 改进项目组织模式，提高管理效率——设计咨询总承包及施工采购总承包在项目中的应用[J]. 建筑经济，2004，（5）：57-60.

[131] 何广才，何清华．项目总控模式在大型工程建设管理中的应用[J]．建设监理，2005（1）：28-30.

[132] 王帅力，单汨源．PPP 模式在我国公共事业项目管理中的应用与发展[J]．湖南师范大学社会科学学报，2006，35（1）：85-87.

[133] 王天高等．PMC 管理模式在铁路工程建设项目管理中的应用[J]．铁道建筑，2006（10）：104-105.

[134] 陈冲，李敏然，高东杰．浅议国际国内工程项目管理模式及存在问题[J]．中小企业管理与科技（下旬刊），2012（10）：48-49.

[135] 徐胜利，薛宪凯．关于建筑工程中绿色工程项目管理的研究分析[J]．江西建材，2017（4）：268．273.

[136] Andrew Crowley. Construction as a manufacturing process: Lessons from the automotive industry[J]. Computers and Structures, 1998, 67(5): 389-400.

[137] 魏大鹏．丰田生产方式研究[M]．天津：天津科学技术出版社，1996.

[138] 詹姆斯．丹尼尔等．精益思想[M]．北京：商务印书馆，2002.

[139] Thomas, H R, et al. Reducing variability to improve performance as a lean construction contractors[J]. Journal of Construction Engineering and Management, 2002, 128(2): 144-154.

[140] Sacks R, Goldin, M. Lean construction:From theory to implementation[J]. Journal of Construction Engineering and Management, 2007, 1335(5): 374-384.

[141] Haugh, R. Hospitals use “lean construction” to save time and money[J]. Health Facilities Management, 2007(3): 3-4.

[142] 李金亮，赵道敬．面对 WTO 我国建筑产业的精益生产战略[J]．建筑经济，2001（7）：7-10.

[143] 赵道敬，陈耕．基于精益建筑的建筑项目计划与控制体系研究[J]．河北建筑科技学院学报（社科版），2006，23（3）：1-4.

[144] 朱宾梅，刘晓君，王智辉．基于精益建造下工程项目质量、成本、工期

三要素管理的新思维[J]. 建筑经济，2007（11）：13-15.

[145] 冯仕章，刘伊生. 精益建造的理论体系研究[J]. 项目管理技术，2008（3）：18-23.

[146] 陈熙，骆仁俊. 基于精益建造的工程项目质量控制[J]. 工程管理学报，2010，24（2）：160-163.

[147] 孙礼源. 基于精益模式的工程项目管理[D]. 天津：天津大学，2014.

[148] 尤翔. 园林绿化工程项目成本管理全程化精益控制对策浅析[J]. 经营管理者，2017（24）：346-347.

[149] Kenneth Preiss, Steven L. Goldman, Roger N. Nagel, 21st Century Manufacturing Enterprises Strategy: An Industry-Led View[J]. Iacocca Institute, Lehing University, 1991.

[150] Mowshowitz A. Virtual organization：Toward a theory of societal transformation stimulated by information technology[M]. Greenwood Pub Group, 2002.

[151] Engkavanish S. Analysis of the effectiveness of communication and information sharing in virtual project origanizations[D]. The George Washinton University, 1999.

[152] Timothy J N, Alun P,et al. Agent-based formation of virtual organizations[J]. Knowledge-Based Systems, 2004, 17(3): 103-111.

[153] Yingjun Z. Virtual organization (VO) and inter-organnization relationships.[D]. Nagoya University, 2005.

[154] Seung H H, Kyung H C, Myung J C. Evaluation of CITIS as a collaborative virtual organization for construction project management[J]. Automation in Construction, 2008, 17 (2): 151-162.

[155] 庞玉成，蒋秀荣. 代建制项目中的虚拟组织研究[J]. 市政技术，2009，27（6）：661-664.

[156] 孔俊. 虚拟组织在监理企业应用的探讨[J]. 山西建筑，2008，34（35）：248-249.

[157] 张宸，司敏. 基于虚拟组织环境的工程管理系统构建[J]. 武汉理工大学学报：信息与管理工程版，2004，26（1）：67-69.

[158] 陈江红，苏振民. 工程项目管理虚拟组织的构建及运行[J]. 基建优化，2003，24（6）：3-6.

[159] 张小瑜，李迁，舒晓峰. 大型工程设计“虚拟组织”管理模式研究[J]. 沿海企业与科技，2006（9）：36-37.

[160] 王德兵，李世蓉，李建春. 虚拟组织的相关均衡博弈分析[J]. 统计与决策，2007（8）：191-193.

[161] 邢永杰. 虚拟组织收益分配的博弈分析[J]. 数学的实践和认识，2007，37（10）：28-35.

[162] Benard Aritua, et al. Construction client multi-projects: A complex adaptive systems persective[J]. International Journal of Project Management, 2009, 27(1): 72-79.

[163] Rouse, W B. Complex engincered, organizational, and natural systems[J]. Systems Engineering, 2007, 10(3): 260-271.

[164] Winter, M, Smith C, Morris P. Directions for future research in project management: The main findings of a UK government-funded research network[J]. International Journal of Project Management, 2006, 24(8): 638-649.

[165] Ottino, J. M. Engineering complex systems[J]. Nature, 2004, 4(27): 99.

[166] Calvano, C N, John, P. Systems Engineering in an Age of Complexity[J]. System Engineering, 2004(7): 25-34.

[167] 晏永刚，任宏，范刚. 大型工程项目系统复杂性分析与复杂性管理[J]. 科技管理研究，2009（6）：303-305.

[168] 李迁，李江涛，盛昭瀚. 大型工程建设管理的方法论体系[J]. 科学决策，2009（1）：6-10.

[169] 盛昭瀚，游庆仲. 综合集成管理：方法论与范式——苏通大桥工程管理理论的探索[J]. 复杂系统与复杂性科学，2007，4（2）：1-9.

[170] 盛昭瀚，游庆仲，李迁. 大型复杂工程管理的方法论和方法：综合集成管理——以苏通大桥为例[J]. 科技进步与对策，2008，25（10）：193-197.

[171] 郭重庆. 中国管理学界的社会责任与历史使命[J]. 中国科学院院刊，2007（2）：132-136.

[172] 吴绍艳. 基于复杂系统理论的工程项目管理协同机制与方法研究[D]. 天津：天津大学，2006.

[173] 李伯聪. 略论工程创新[C].//第6界东亚科技与社会（STS）国际学术会议论文摘要集，2005.

[174] 付志寰. 研究工程哲学，指导工程建设[C]. //“工程科技论坛”暨首届中国自然辩证法研究会工程哲学委员会学术年会工程哲学与科学发展论文集，2004.

[175] 陈星光，朱振涛. 复杂系统视角下的大型工程项目管理复杂性研究[J]. 建筑经济，2017，38（1）：42-47.

[176] 曾晓文，陈莲芳，严良. 大型高速公路建设项目 Partnering 模式研究[J]. 科技进步与对策，2010，27（8）：32-35.

[177] 乐云，祟丹，蒋卫平. 大型复杂群体项目分解结构（PBS）概念与方法研究[J]. 项目管理技术，2010，8（2）：39-43.

[178] 封海洋. 大型群体项目管理业主组织结构分析——以上海世博会世博村为例[J]. 经济视角，2009（12）：33-35.

[179] 曹宝琴. 现阶段我国大型公共工程项目管理模式探讨[J]. 项目管理技术，2009，7（4）：65-68.

[180] 张国宗. 大型公益建设项目全寿命集成管理模式研究[J]. 技术经济与管理研究，2009（6）：52-60.

[181] 陈辉华，周卉，王孟钧. 大型建设项目组织运行机制模型研究[J]. 项目管理技术，2008（3）：13-17.

[182] 纪凡荣，成虎. 大型建设项目组织设计研究[J]. 建筑技术，2007，38（2）：151-153.

[183] 余立中，廖晓明等. 监理总协调人制度在大型项目管理中的运用与研

究[J]. 建筑经济，2005（4）：38-41.

[184] Feniosky Pe-a-Mora，Tadatsugu Tamaki. Effect on delivery systems on collaborative negotiations for large-scale infrastructure projects[J]. Journal of Management in Engineering, 2001, 17(2): 105-121.

[185] Min-yuan Cheng,Cheng-wei Su, Horng-yuh You. Optimal project organizational structure for construction management[J]. Journal of Construction Engineering and Management, 2003, 129(1): 70-79.

[186] F Jolivet, C Navarre. Large-scale projects, self-organizing and meta-rules: towards new forms of management[J]. International Journal of Project Management, 1996, 14(5): 265-271.

[187] A P Hameri, P Nitter.Engineering data management through different breakdown structures in a large-scale project[J]. International Journal of Project Management, 2002,(20): 375-384.

[188] Sven Bertelsen, Lauri Koskela. Avoiding and managing Chaos in project. The 11th annual conference in the international group for lean construction. Virginia: The international group for lean construction，2003[C].

[189] Julien Pollack. The changing paradigms of project management[J]. International Journal of Project Management, 2007, 25(3): 266-274.

[190] Davies A, Brady T, Hobday M. Charting a path toward integrated solution[J]. MIT Sloan Management Review, 2006, 3(47): 39-48.

[191] Roger N, Rick D. 21th Century Manufacturing Enterprise Strategy[R]. An Industry-led View. Iacoocca Institute, Lehigh University, 1991.

[192] 林鸣，马士华. 动态联盟项目管理新模式[M]. 西安：电子工业出版社，2003.

[193] 王慧娟，何建敏. 动态联盟收益分配问题的博弈分析[J]. 现代管理科学，2004（7）：23-24.

[194] 张曙，林德生. 可持续发展的生产模式——分散网络化生产系统[J]. 中国机械工程，1998，9（2）：68-71.

[195] 郑文军. 虚拟企业的组织特性与管理机制研究[D]. 重庆：重庆大学，2002.

[196] 张劲文. 大型交通建设项目管理集成研究[D]. 长沙：中南大学，2006.

[197] 张维迎. 博弈论与信息经济学[M]. 上海：上海人民出版社，2002.

[198] 涂志勇. 博弈论[M]. 北京：北京大学出版社，2009.

[199] 戴若林. 基于复杂系统理论的建筑市场信用机制研究[D]. 长沙：中南大学，2009.

[200] 范波. 基于联盟结构和分配方式的行业内合作研发激励机制研究[D]. 重庆：重庆大学，2010.

[201] Omori T. Effects of Public Education and Social Security on Fertility[J]. Journal of Population Economics, 2009, 22(3): 585-601.

[202] Guryan J, Kroft K, Notowidigdo M J. Peer Effects in the Workplace: Evidence from Random Groupings in Professional Golf Tournaments[J]. American Economic Journal: Applied Economics, 2009, 1(4): 34-68.

[203] Anderson C M, Holland D S. Auctions for Initial Sale of Annual Catch Entitlement[J]. Land Economics, 2006, 82(3): 333-352.

[204] Woodford M, Walsh C E. Interest and prices: Foundations of a theory of monetary policy[J]. Macroeconomic Dynamics, 2005, 9(3): 462-468.

[205] 董志强. 监察合谋：惩罚、激励与合谋防范[C]. 经济发展论坛工作论文，2005：1-15.

[206] 罗伟，王孟钧. 机制设计理论与中国建筑市场[J]. 统计与决策，2008（7）：78-81.

[207] 肖玉明，顾新. 基于熵权法的知识链合作伙伴选择研究[J]. 科技进步与对策，2007，24（8）：179-181.

[208] 刘帅华，郭尧琦. 基于 AHP 和熵的 TOPSIS 方法的虚拟企业合作伙伴选择[J]. 湖南理工学院学报，2008，21（3）：16-18.

[209] 王丹，杨晓春，王国仁等. 基于模糊层次分析法实现虚拟企业中的伙伴选择[J]. 东北大学学报（自然科学版），2000，21（6）：606-609.

[210] 吴会娟. 供应链条件下的合作伙伴评价方法研究[J]. 价值工程，2009（4）：68-70.

[211] 张悟移，李晓亮，华连连等. RBF 神经网络在基于知识的供应链合作伙伴选择中的应用[J]. 科技进步与对策，2010，27（20）：129-132.

[212] 李文博，许秀玲. 基于支持向量机的战略联盟合作伙伴选择研究[J]. 科技进步与对策，2007，24（2）：135-137.

[213] Wang Z J, Xu X F, Zhan D C. Genetic algorithm for collaboration cost optimization-oriented partner selection in virtual enterprises[J]. International Journal of Production Research, 2009, 47(4): 859-881.

[214] Zhao Qiang, Zhang Xin-hui, Xiao Ren-bin. Particle swarm optimization algorithm for partner selection in virtual enterprise[J]. Progress in Natural Science, 2008, 18(11): 1445-1452.

[215] 文炳洲. 虚拟企业合作伙伴选择模型研究[J]. 西安工业大学学报，2007，27（4）：401-405.

[216] 向小东. 供应链合作伙伴选择的信号传递博弈模型研究[J]. 数学的实践和认识，2010，40（18）：65-72.

[217] 吴隽，张剑英，任丽娟. 基于证据推理与粗集理论的供应链合作伙伴选择方法研究[J]. 中国软科学，2005（3）：130-133.

[218] 朱军勇，贺红燕，张春生. 粗糙集-神经网络在构建企业供应链合作伙伴选择中的应用[J]. 河南理工大学学报：社会科学版：2007，8（1）：33-36.

[219] 李德毅，刘常昱. 论正态云模型的普适性[J]. 中国工程科学，2004，6（8）：28-33.

[220] 李德毅，邸凯昌，李德仁等. 用语言云模型挖掘关联规则[J]. 软件学报，2000，11（2）：143-158.

[221] Li Deyi, Han Jianwei, Shi Xuemei. Knowledge representation and discovery based on Linguistic atoms[J]. Knowledge based Systems, 1998, 15(10): 431-440.

[222] 贾琦，段春青，陈晓楠．黄河流域水资源可再生能力评价的云模型[J]．中国人口·资源与环境，2010，20（9）：48-52.

[223] 罗本成，原魁，睢凌等．基于灰关联度评价的投资决策模型及应用[J]．系统工程理论与实践，2002（9）：132-136.

[224] Shapley L S. Core of Convex Games[J]. International Journal of Game theory, 1971(1): 11-26.

[225] Driesen TSH. A surrey of consistency properties in cooperative game theory[J]. SIAM Review, 1991, 62(4): 795-817.

[226] Perry M, Reny P J. A non-cooperative view of coalition formation and the core[J]. Econometrica, 1994, 62(4): 795-817.

[227] Amann, Yang. Sophistication and persistence of cooperation[J]. Journal of economic behavior and organization, 1998(37): 91-105.

[228] Spagnolo G. Social relation and cooperation in organization[J]. Journal of economic behavior and organization, 1999(38): 1-25.

[229] Levy. Chaos theory and strategy: theory application and Managerial implications[J]. Strategic Management Journal, 1994(15): 167-178.

[230] Axlord R. The complexity of cooperation[M]. Princeton university Press, 1997.

[231] 邱永志，王先甲．省级电网公司与地方电网公司基于供区整合的合作博弈行为研究[J]．四川水力发电，2006，25（2）：101-105.

[232] 王作成．竞争与合作：中原城市群形成过程的博弈[J]．决策探索，2005（5）：41-42.

[233] 张朋柱等．合作博弈理论与应用[M]．上海：上海交通大学出版社，2006.

[234] 王光净，杨继君，刘仲英．基于合作博弈的区域产业结构优化模型[J]．工业工程与管理，2010，15（1）：53-58.

[235] 张建高，郑乃伟．合作博弈与运输优化[J]．四川大学学报：工程科学版，2002，34（4）：51-55.

[236] 董保民，王运通，郭桂霞．合作博弈论[M]．北京：中国市场出版社，2008.

[237] 孔祥荣，韩伯棠. 基于合作博弈的运输分配方法[J]. 系统工程理论与实践，2010，30（7）：1340-1344.

[238] 刘松先. 基于合作博弈的企业战略联盟研究[J]. 统计与决策，2005（7）：153-154.

[239] 颜红艳. 工程管理 Partnering 模式的合作博弈分析[J]. 价值工程，2010（5）：134-135.

[240] 魏纪泳等. 基于利益相关者合作博弈的决策优化与收益分配[J]. 运筹与管理，2005，14（2）：79-83.

[241] 夏顺忠，聂锐，杨贵针. 基于合作博弈的企业利益相关者和谐治理分析[J]. 管理观察，2009（5）：61-62.

[242] 胡珑瑛，唐志新. 国际技术转移行为的合作博弈模型研究[J]. 哈尔滨工业大学学报，2000，32（2）：70-73.

[243] 周勇. 动态联盟及其管理机制的研究[D]. 天津：天津大学，2007.

后 记

本书得到了重庆交通大学经济与管理学院管理科学与工程学科建设经费、重庆交通大学高层次人才科研启动经费、重庆交通大学“大型复杂工程风险管理理论与项目治理创新团队”科研经费的资助。

在本书的写作过程中，我要感谢多位工程管理领域知名专家的指导和帮助,他们分别是全国高等学校工程管理和工程造价专业指导委员会主任委员、工程管理专业评估委员会副主任委员、原重庆大学建设管理与房地产学院院长任宏教授，全国高等学校工程管理和工程造价专业指导委员会委员、重庆市“管理科学与工程”学科技术带头人、重庆交通大学党委副书记周直教授，中国管理科学与工程学会常务理事、重庆交通大学经济与管理学院院长许茂增教授，中国（双法）项目管理研究委员会委员、中国建筑学会工程管理研究分会 BIM 专业委员会委员、重庆交通大学工程管理系副主任何寿奎教授，重庆大学建设管理与房地产学院工程管理系主任曹小琳教授等。此外，重庆交通大学经济与管理学院硕士研究生娄沪鑫、宋宸宇同学为本书做了文献更新、整理及文稿排版校对方面的工作，在此谨对他们的指导和帮助表示衷心的感谢！

晏永刚 博士

2017 年 9 月